叢書シェリング入門7

シェリングの神話論

神話の真理

FRIEDRICH WILHELM JOSEPH VON SCHELLING

松山壽一 著

萌書房

〈叢書シェリング入門〉刊行にあたって

シェリングという哲学者の名は一般には馴染みが薄い。二重に隠されてさえいる。一方で、古典を敬して遠ざけ流行を追うことにのみ汲々としている思想界の昨今の風潮がこれに追い討ちをかけているし、他方で、ドイツ古典哲学に眼が向けられるにしても、シェリングの名はカントやヘーゲルといったビッグネームの陰に隠れてしまってなかなか目立たず、ためにシェリングにまで眼が向きにくいという事情もこれに加勢している。

フランス革命後の激動の時代に、人間の自由を求め、その根源（悪の起源）を極めようとしたばかりでなく、この根本的希求をもとに、自然の哲学や芸術の哲学、さらには歴史の哲学を展開し、神話と啓示の意義をも追求しようとしたシェリングの思想は、軽佻浮薄なわれわれ現代人に「根源を忘るるなかれ」と警鐘を鳴らし続けているように思われる。

筆者はこれまでもっぱら、思うところあって、無理解のまま放置されてきたドイツ自然哲学を理解できる状態にすることに専念してきたが、非力ながら、ここに、シェリング哲学全般の意義、さらにはその多彩さと魅力を世に広めるための入門書、啓蒙書を叢書として上梓することにした。

この間、日本シェリング協会（一九九二年創立）を母体としてシェリング著作集の刊行が企てられた。

筆者は編集幹事として、その企画、出版交渉等にあたり、当初（一九九四年）十二巻の刊行が可能となるも頓挫。その後、数々の出版社と交渉を重ねた結果、全五巻ながら来年ようやく刊行の運びとなった。著作集出版のための長年の悪戦苦闘のなかで何よりも思い知らされたことは、シェリングの知名度があまりに低いということであった。出版交渉の際に「シェリングが何者か」を一から説明せざるをえないことしばしばであった。この悪戦苦闘を通じて、筆者はシェリングの名を世に知ってもらう必要、彼の思想の意義と魅力を喧伝する必要を痛感せざるをえなかった。

〈叢書シェリング入門〉の企画はこのような苦渋の体験のなかから生まれてきた。もっとも、シェリングという知名度の低い哲学者の入門書、啓蒙書を、しかもシリーズで出版しようとする出版社などあろうはずもなく、著作集の場合同様の難航が予想された。ところが、萌書房という新しい出版社を立ち上げたばかりの白石徳浩氏が趣旨に賛同し、叢書としての刊行を引き受けて下さった。感謝に耐えない。氏の御厚志によって、有難くも、ここに叢書刊行が可能となった。

なお、カバーに掲げる肖像は、ミュンヘンのバイエルン科学アカデミー・シェリングコミッション提供によるものである。

二〇〇四年（シェリング没後百五十年）五月

松山壽一

まえがき

神話問題は、シェリングにとって、生涯にわたって取り組まれた一大テーマであった。悪の起源を究明する際に神話論的考察を加えた処女作（学士論文、一七九二年）に始まり、これに続く雑誌デビュー論文（一七九三年）では神話そのものが主題とされていた。いずれも、シェリング十七、八歳の少壮神学徒期の作である。その後さらに、彼は共同体形成の核となるべき「新しき神話」創作の可能性を追求するが（一八〇〇年前後の『体系綱領』、『超越論的観念論の体系』、『芸術の哲学』講義）、結局のところ、これを断念せざるをえなくなり、一八一〇年に開始された『世齢』プロジェクトもまた挫折の憂き目を見、神話の本質の究明へと大転換を遂げるに至る（『世齢』付録『サモトラケーの神々』一八一五年）。その成果を聴講者に訴え続けたのが、一八二一年夏学期のエアランゲン大学での講義を皮切りに繰り返し行われた『神話の哲学』講義群（一八二一—四六年）である。

本書第一章は初期シェリングが「新しき神話」創作の可能性をいかに追求したかをテーマとし、第二章は「新しき神話」創作の断念問題および断念後のシェリング中期神話論について論じ、第三章は後期シェリング神話論での神話の本質解明を見届ける。シェリング神話論に関する研究は初期のそれに限定されるか、後期のそれに限定されるかのどちらかが大半であったのに対し、本書でのシェリング神話論考察は初期、後期のみならず、中期をも含む全時期に及ぶものとなっており、この点で、本書は小著ながら希少なものとなっていよう。以下に、本書の特質を記しておこう。

えてして哲学研究者は自身の定めた研究領域という枠に閉じ籠もり、視野狭窄に陥りがちである。筆者は自身の非力を顧みず、これに抗い他領域への越境をこれまで様々試みて来た。たとえば科学史への越境（自然哲学研究に不可欠な越境）あるいは詩文芸、演劇への越境（悲劇研究に不可欠な越境）等である。初期シェリング神話論考察をテーマとする本書第一章の末尾（第五節）では後者のそれ、具体的にはヘルダリンの悲歌『パンと葡萄酒』（一八〇〇年前後）に関する考察が加えられている。この考察は、神々の不在の時代における詩作の不可能を詠嘆する当詩への注目によって、「新しき神話」の可能性の追求が内に抱え込んでいる根本問題を浮き彫りにしていよう。さらなる越境は何と言っても謎を秘めた「古代世界」へのそれであろう。口幅ったい言い分ながら、キリスト教信仰に行き詰まり、十六歳で哲学を学び始めた筆者が浸り続けたのが古代ギリシア哲学であったことから、「古代世界」への越境にはさほど抵抗はなかった。本書第二章での、われわれに馴染みの薄いギリシア神話宗教以外の諸神話諸宗教（たとえばフェニキアの神話やペラスゴイの宗教）への越境もこれによって可能となった。われわれに馴染みの薄い数々の神々、諸神性が次々登場する『サモトラケーの神々について』（一八一五年）――従来論じられることの稀な当論作（バイエルン・アカデミー講演テクスト）――の神話論的意義の究明を第二章のテーマに据え、それが実際に遂行されたことは本書の一大特質と称してよかろう。そこでは、これまた馴染みの薄い「カベイロイの密儀」に焦点が当てられるが、それは、そこに本来あるべき人間本性に根差した一神論に通ずる、いわば「宗教の原型」が見出されるとシェリングが考えたからである。しかも、後年の『神話の哲学』講義群は、この折獲得された「多神論は一神論を前提とする」という根本テーゼに基づいてなされるに至っている。この意味で、中期神話論は後期神話論の礎を築くものとなっており、この点、大いに注目に値する。

後期シェリングの神話論、本書第三章はその意義の解明をテーマとするが、その際、典拠としたのが『神話の哲学』講義群のうちベルリン大学での最初の講義に相当する同序論第一部『歴史的批判的序論』(一八四二年夏学期)であった。こうした典拠テクストの限定は、従来のわが国のシェリング後期神話論研究(たとえば橋本崇『偶然性と神話』一九九八年および山口和子『後期シェリングと神話』二〇〇四年)では概ね神話論議そのものの魅力やその今日的意義の解明に議論が集中していたのに対し、それらの議論では希薄であった側面——『サモトラケーの神々』に見られるシェリング神話論の転換を基底に据えた一神論と多神論との関連の問題、当時の神話諸説中でのシェリング神話論の位置など——に焦点を合わせ、シェリング神話論の「理論」としての射程を見届けるという理由による。そのため、第三章での考察では個々の神話への言及はありきたりの最小限のものに留まっている。この欠は第二章での考察によって埋められているであろう。この方面に関心を抱かれている方々は第二章での考察で諒とされたい。

ともあれ、後期神話論の意義は『古代諸民族、特にギリシア人の象徴表現と神話』(一八一〇—一二年)の著者クロイツァーの説(神話の宗教的真理の歪曲説)の枠をはみ出し、「同時的多神論」と「継起的多神論」との区別や「絶対的一神論」と「相対的一神論」との区別といった独特の区別の導入によってクロイツァー説とは一線を画すシェリング独特の神話思想（「神話の哲学」）が提起されるに至っているばかりか、シェリングの神話思想はキリスト教との親縁性の濃厚なクロイツァーの神話思想との異なりをも見せている。著者にとって、『自由論』以降のシェリング中期および後期でのキリスト教に関連する発言の数々をいかに評価、判定すべきかが長年の課題だったのだが、今回、本書にこれに対する自分なりの解答の糸口をようやく掴むことができた（第三章第四節）。本書上梓の著者にとっての一成果である。

なお、本叢書7として刊行される本書はこれまでの叢書向け拙著（書下ろし）と異なり、例外的に既存の三篇の論稿の集成によって構成されている。「初期シェリングにおける詩と神話」（『シェリング年報』第二号、一九九四年）および「アカデミー講演『サモトラケーの神々について』におけるシェリングの神話解釈──『世齢』プロジェクトの挫折から『神話の哲学』講義群へ」（『人文自然論叢』第七七─七八号、二〇一九年三月）、さらに「「神話の真理」──後期シェリングの神話論」（新装版〈シェリング著作集〉第5a巻『神話の哲学（上）』文屋秋栄、近刊所収「解説」）である。著者も喜寿なる高齢に達し、執筆可能期間もあと僅かといった事情ゆえ、この点、寛恕願いたい。

二〇二四年九月

松山壽一

神話の真理——シェリングの神話論——＊目次

神話の真理

——シェリングの神話論——

第一章　新しき神話

初期シェリングの神話論

一　人類の教師としての「新しき神話」

　P・ベルトーのヘルダリン研究(1)の刺激によって、フランス革命後におけるドイツジャコバン派の動向にわれわれの眼が相当向くようになった。われわれがこの頃に成立した興味深い文書、いわゆる『体系綱領』に盛り込まれた「新しき神話」の思想について考えようとする時、何よりもまず念頭に置かねばならないのは、ライン左岸一帯に続々と結成されたジャコバンクラブの運動を中心とするフランス革命運動の帰趨(2)であろう。とりわけ、われわれの若き神学徒達がテュービンガーシュティフトに学んでいた頃は、ストラスブールを震源地とするドイツジャコバン派の運動の地響きが当地と目と鼻の先のテュービンゲンにまで及んできたまさにその時期であった(3)。当時彼らが共通に頂いた課題、「国民教育・民衆教育」の課題は、レッシング等によるドイツ啓蒙運動の上に直接革命運動が折り重なって成立したものであった。それだけにそれは、彼らにとって喫緊の課題であっただけでなく、革命運動の退潮後でさえ一貫して追求された課題にほかならなかった。われわれが件の「新しき神話」の問題を考えようとする時、次に顧慮しなければならないのは、革命と時を同じくして登場したカント道徳神学の当時における衝撃と波紋である。この神学はドイツ領邦国家のバックボーンを支える正統派神学を根底から揺さぶる革命的な破壊力を有するものであったのであり、またその威力は西南ドイツ、ヴュルテンベルクの精神的牙城テュービンガーシュティフトにまで及ぶものであった(4)。

カントは最初、ニュートンの神学に発する当時最も支配的であった自然神学を信奉していたのだったが[5]、のちヘルダーの歴史哲学（特に『人類史考』第一部、一七八四年）における自然史的な魂の不死証明に対する批判を介して、それとは異質の「道徳的根拠」による証明を提唱し（「ヘルダー批評」一七八五年、VIII. 53）、道徳神学という新たな神学を樹立するに至る。一七八八年の『実践理性批判』での魂の不死の要請（V. 122）、一七九〇年の『判断力批判』、一七九二―九三年の『宗教論』での道徳神学の提起は、先の一七八五年の「ヘルダー批評」での自説の提起を承けてなされている[6]。カントの説く魂の不死の要請は最高善の実現の問題と関連し、また彼の説く道徳神学は幸福の実現の問題と関連する。人間の道徳的行為が幸福という形で報われるためには神の存在を想定しなければならないとする道徳神学は、人類史が根源悪に始まって最高善に終わるとする歴史哲学を介して、最高善実現のためには魂の無限の進み行きを必要とする道徳哲学、実践哲学と結び付いている。ともあれ、道徳神学を一つの頂点とするカント実践哲学にあっては、神の存在、魂の不死、両者いずれも人間を幸福に値する道徳的存在者として保証するために必要なかぎりで要請されている。このような神概念、不死概念は人間中心の道徳主義的幸福主義的な概念であって、あと一歩進めるだけで神の否定、ニヒリズムに行き着くものにほかならず[7]、正統派神学にとって危険極まりないもの、異端思想そのものにほかならなかった。このため、正統派の神学者達はこの危険物に細工を施し、異端思想を骨抜きにすべく腐心した。たとえば一領邦国家ヴュルテンベルクの国家的宗教的支柱たるべきテュービンガーシュティフトの神学者達、シュトルら教授陣は、カントが説く実践理性の要請を理論理性の弱さと捉え、それを逆手にとって「真の信仰」（「主体的」宗教)を強調し、幸福を徳の報酬と見なそうとした(8)。

このようなテュービンゲンの正統派神学のやり口に対して、「批判主義の分捕品から新たな独断論の体系を築こうとしている」(I, 207)と批判したのが若きシェリングであり(「批判主義と独断論に関する哲学書簡」一七九五―九六年)、真の意味での「主体的宗教」としての「国民宗教」のあり方を模索したのが若きヘーゲルであり(「国民宗教とキリスト教」一七九二―九四年)、この試みを「国民教育・民衆教育」の一貫と位置づけたのが狂気に見舞われる以前のヘルダリンであった(一七九五年一月二六日付ヘーゲル宛書簡(9))。この頃、シェリングはなおシュティフトの神学生であったが、ヘルダリン、ヘーゲルともにシュティフトを卒業してそれぞれ、フィヒテのお膝元のイェーナおよびスイスのベルンにいた。このようにシュティフトの盟友達が離れ離れになることによって三者間で書簡が交わされることになったが、言うまでもなく、これによって遺された彼らの書簡は、当時の彼らの見解を知ることができるだけでなく、当時の思想状況を映す鏡ともなっており、この点で、われわれにとって貴重な第一級の歴史的資料となっている。シェリングがヘーゲルに宛てて「カントとともに夜明けが到来した」(一七九五年四月二日)と書き、これに対し、ヘーゲルが「カントの説とその完成からドイツにおける革命を期待する」(同年同月一六日)と返信したのもこの頃のことであり、また同じ頃ヘルダリンも含めて三者間で「神の国」、「理性と自由」、「見えざる教会」というスローガンが飛び交っている。この頃の書簡の記述によれば、カント道徳神学説を普及させたフィヒテが彼らの眼には「新たな英雄」の登場と映じていたことが分かるが、それは、彼がその書『啓示批判』(一七九二年)によって正統派神学における教義学の防壁を「無意味と化す扉を開いた」ためにほかならなかった(Br. I, 22)。[10]

近年、ペゲラーによる新説の提起によって論争が再燃した問題の断片いわゆる『体系綱領』*System-programm*[11]に記された実践的要請論および国家廃絶論は、フランス革命後のドイツにおける社会革命の動きならびにカントの実践哲学の提起による神学上の革命の動きをめぐる上記のような思想状況を念頭に置かなければ、理解は覚束ないであろう。われわれに残されたこの断片の前半部分の核心は、両者が「全精神の絶対的自由」において合一されており、この全体に自由な精神は「叡智界を自身で支え、神をも不死をも自己の外に求める必要がない」ということである。ここで主張されていることは、カント実践哲学の要請論を徹底して支持するということであり、ひいては超越神概念すなわち外部からの啓示に基づく神という正統派神学・啓示神学の神概念を排して、それによってこそ人間精神の絶対的自由が可能となると考えられる人間に内在する神概念すなわちカント道徳神学の神概念に就くということである。『体系綱領』の著者(あるいは著者達)は、道徳神学的結論をも含み込んだ要請論を、「国家、憲法、行政、立法」といった「人間の歴史のための諸原理」の上に置き、これに従属させようとしている。これらは、とりわけ「自由な人間を機械的な歯車装置として扱わざるをえない」国家と同様、「惨めな人間の作品」にすぎないからである。ここに示されている政治批判、国家批判は、「われわれは国家を超えねばならない」という強烈なスローガンに収斂している。こうした国家廃絶のプログラムを承けて、ありうべき新たな共同体形成の根本原理として提起されているのが「新しき神話」にほかならない。この意味で、断片の後半部分に含まれている「われわれは新しき神話を持たねばならない」というスローガンは、先の国家廃絶のスローガンと並ぶ『体系綱領』の二大スローガンのうちの一つである。しかも、前者が破壊のためのスローガンだとすれば、後者は建設のためのスローガンなのである。この点、断片末尾では次のように言われている。「諸精神の一般的な自由と平等とが支配する」新たな共同体を建設するために「この新しき宗教をわれわれの間に創り出さねばならない。それは人類の最後にして最大の作品となるであろう」と。「新しき神話」もしくは「新しき宗教」の根本規定が理念の美化＝神話化であるのもこのためである。なぜなら、「われわれが理念を美的にすなわち神話的にするまでは、理念は民衆の関心を惹かない」であろうからである。『体系綱領』の著者（あるいは著者達）が記すところによれば、「詩」Poesieこそが「最後に再び初めにそうであったもの、すなわち人類の教師となる」。──これが、「真と善は美の中でのみ姉妹のように睦み合う」という『体系綱領』におけるかの根本テーゼが導き出される究極の実践的帰結にほかならなかった。

以下において、筆者は、今見た『体系綱領』で端的に表明されたような「新しき神話の可能性」について、若きシェリングがいかように考えていたかを明らかにしたい。なお、この解明の試みは、解明すべき事柄の必然性に導かれて、同時に国家と神話、芸術（詩）と神話、異教とキリスト教に関する彼の考え方の解明ともなろう。

二　詩への帰還としての「新しき神話」

さて、シェリングの神話への取り組みは、はや彼の最初の論文から始まっている。彼の学士論文「悪の起源論」（一七九二年）は、旧約聖書の創世記第三章の堕罪物語を歴史哲学的のみならず神話論的にも解釈しようとしたものであった（I. 3-39）。カントは彼の歴史哲学論文の一つ「人類の憶測的起源」（一七八六年）の中で、旧約聖書で語られている人類の楽園喪失の内に理性と自由の最初の出現を見ていたが、シェリングはその処女作で、それをクリスチャン・ゴットロープ・ハイネらによる古典文献学的神話解釈を活用しつつ、人類の悪の起源すなわち恣意（我意）の当為（普遍意志）に対する優越の始まりと解釈した。[12] ここで主題化された中心問題が後の『自由論』で再び主題化される点ばかりでなく、シェリングも従ったここでの神話解釈すなわち神話を寓意と解するハイネの解釈が後の『芸術の哲学』講義ではモーリッツ神話論の立場から批判され、シェリング独自の神話論に発展する点においても、シェリングの処女作はわれわれの興味を捉えて離さない。神話の問題とのかかわりは最初期においては特に深く、パウルスの編集する『メモラビーリエン』に掲載された論文「神話について」（一七九三年）でもシェリングはこの問題を扱い、今度は神話そのものを主題に据えていた。そこでは、再びハイネ説に倣い、神話は「物語的神話」と「哲学的神話」とに区別され、[13] 後者の目的が「理念の感性化」と想定されている。すなわち「物語的神話の目的は物語であり、哲学的神話の目的は教説すなわち真理の叙述である。神話的哲学の一般的目的は常に何らかの賢者が表現しようとした理念の感性化であった」(I, 57)。シェリングはこの論文――彼にとっての雑誌デビュー論文――で「哲学的神話」もしくは「神話的哲学」の典型と見なしているのはプラトンが対話篇で描くところの神話であり、とりわけその一つ『パイドロス』に描かれているような神話である。当論文も先の学士論文同様、われわれの興味を惹いてやまない。たとえば、かの問題の文書『体系綱領』での「新しき神話」もしくは「理性の神話」の根本規定すなわち「理念の感性化」という規定と同じものがすでにここに認められる。またやや時を隔てその二年後、ヘルダリンはシラーによるカント批判を徹底させようと目論むことになるが(美のイデア論文)、その際彼が基礎に置こうとしていたのが『パイドロス』であり、この目論見はその「注解」となるはずのものであった(14)。

テュービンガーシュティフト在学中の一七九二、九三年の二論文に続くシェリングの諸論文では神話に関する彼の議論は途絶え、それが再び登場するのは相当期間を経て後、七年後の『超越論的観念論の体系』(一八〇〇年)である。もしこれに『体系綱領』を加えれば、それは三、四年後となり、空白期間はその分だけ縮まる。もとより件の『体系綱領』は断片として遺されているばかりでなく、著者問題をめぐって目下なお論争が絶えず(15)、かつ筆者自身全面的にシェリング説を採るわけでもないだけに、これを最初期の二論文と超越論体系を繋ぐシェリングの論考として扱うことができない。ただ、著者問題は不問に付し、ここで特に『体系綱領』と『体系』との関連を見るとすれば、興味深いことには、国家論、歴史論を介して神話論に至るという論の運び方においても、芸術哲学を実践哲学の上位すなわち体系の最高位に置くという点においても、両者の間には類似性が認められるし、また芸術哲学における詩と神話の重視という点でも同様のことが指摘できるであろう。ともあれ、こうした両者における内容上の類似に留意しつつ、『体系』での議論を見ることにしよう。そこでは、国家と歴史の問題は実践哲学体系の最終部分で論じられる。

実践哲学の根本概念は、理論哲学における必然の概念に対して自由の概念であるが、そこでの課題は知性の自己規定すなわち意欲の客観的自由としての「法制」において達成される。だが、この達成においてすでに道徳・倫理の領域に踏み越えられている。なぜなら、「法秩序は道徳的秩序ではなく、自然的秩序そのもの」であり（III, 563）、「自由な存在者が相互作用において考えられうる自然機械論」に従う秩序であるからである（ebd.）。彼はこのような秩序もしくは法制を「高次の自然」、「第二の自然」と呼んで、その自然秩序との類比を強調している（ebd.）。このような法理解の下で提示されるシェリングの国家概念が『体系綱領』の場合に似て、「機械」と類比的に語られることは言うまでもない。なるほど『体系綱領』の場合のように国家の廃絶こそ唱えられないにせよ、ここでの彼の国家概念は否定的であって、「国家連合」の下への統合、廃棄されるべきものにすぎない。なぜならば、国家は盲目的に機能する「機械」には違いないが、「人の手によって建設・開設された」ため、君主の専制による干渉や国民の反乱による解体を免れないからである。国家連合の形成によって初めて国家はこうした自然状態から脱することができるとシェリングによって考えられている（III, 584-87）。そうしてまた、彼にとって、国家連合すなわち世界市民的な普遍的活動こそが「歴史の唯一の根拠」（III, 592）にほかならなかった。言うまでもなく、ここでシェリングはカントの「世界市民的見地における一般史の構想」（一七八四年）での歴史哲学とそこで説かれた「完全な市民連合」（VIII, 29）の構想に従っている。また、実際に歴史概念に演繹を試みる際、「恣意」を「歴史の女神」と見、その例証としてカントがもう一つの歴史哲学論「人類の憶測的起源」（一七八六年）の中で人類の黄金時代の喪失、堕罪の神話を「本能の支配からの自由の領域への第一歩」と解釈したその解釈を挙げている（III, 589）。シェリングが学士論文、処女作で彼の悪の起源論の基礎に置いていたのが今指摘したカントの歴史哲学であったことを思い起こすならば、初期シェリング哲学に対するカント歴史哲学の影響は相当濃厚と言わざるをえないであろう。シェリングが超越論体系において歴史概念の演繹の中心に摂理概念と関連する啓示概念を強く押し出す点は、シェリング独特のものであり、周知のとおり、彼晩年の思索の主要テーマとなるものである。

先に見たとおり、シェリングは法制（端的には国家）を「高次の自然」、「第二の自然」と特徴づけていた。この特徴づけに倣うならば、芸術（端的には詩と神話）を、われわれは「最高次の自然」、「第三の自然」と特徴づけることができるであろう。理論哲学と実践哲学を統一して超越論哲学を一つの哲学として完成させる「要石」（III, 349）として体系の最高の位置にあるべき芸術哲学は、そのようなものとして、美的直観すなわち客観的となった知的直観（III, 630）によって必然と自由、無意識と意識を統一づけるものと、この時期のシェリングによって考えられているからである。(16) この時、必然、無意識としての自然は「第一の自然」にほかならず、これを扱うのは超越論哲学的には理論哲学と呼ばれるものではあるが、具体的には自然哲学であるから、自然概念に着目した自然哲学―法哲学―芸術哲学もしくは自然―

国家―神話という自然の階梯を想定することも可能であろう。この想定はS・ディーチュが「高次の第二の自然」に関連して提起した問い、「理性的社会の可能性」もしくは「自然哲学を社会理論的に試問する可能性」への問い[17]へ導く点で有益であるばかりでなく、この問いとも関連するありうべき共同体形成に向けての自然哲学の詩化・神話化すなわち「新しき神話の可能性」というわれわれの問いに対する解答の方向づけを示唆する点でも有益であろう。周知のとおり、シェリングの確実なテクストとして「新しき神話」に関する議論が登場するのは超越論体系である。それは、この体系の最後に位置する芸術哲学論に見出される。シェリングはそこでヘーゲルと異なって、「芸術の終焉」ではなく、「哲学の終焉[18]」を語っている。彼にとって体系を完成させるものは哲学ではなく、芸術、端的には「詩」Poesie にほかならない。なぜなら、哲学をその幼年時代に生み育んだものこそ、詩なのであり、この点で、哲学の完成とは、その生みの親、育ての親、母胎の元へ還ることでなければならないからである。その場合、このような「学の詩への帰還の媒介項」として前者を後者へ導き入れるもの、それが「新しき神話」である。この神話は、シェリングによって、もはや「詩人個々人」の作ではなく、「一個の詩人を意味する新しき種族」の作と考えられている（III, 628–29）。

今見てきたような国家論、神話論が盛り込まれている『超越論的観念論の体系』刊行と同じ年（一八〇〇年）に『文芸対話』の中で、フリードリヒ・シュレーゲルもまた「新しき神話」について語っていた。彼は詩の中心点をなすもの、精神の最内奥から形成されるべきものとして「新しき神話」の到来を期待し、それを若々しい空想の最初の開花である「古き神話」に対置していた（II, 311 f.）。一八〇〇年前後の神話論は、ここに端的に示されているように、例の新旧論争を背景としていた[19]。シュレーゲル自身、ヴィンケルマン、ヘルダー、シラーらの議論を承けて、「ギリシア文芸研究論文」(一七九五年執筆、一七九六年刊)では、古代文化を自然的教養、近代文化を人為的教養と見なして、両者を対立させていた[20]。『文芸対話』における彼の神話論は前記「研究論文」以来のギリシア文芸との対比における近代文芸論の再論である。なお興味深いことは、新旧論争と連続する形で、当時すでに東洋対西洋の対立問題がヘルダーやシュレーゲル、またヘルダリンやシェリングの視野に収められており[21]、この問題は、当時の文芸論、神話論の吟味のみならず、当時の思想全体のあり方を吟味する上で、新旧問題と並んで重要である。ただし、以下では当時の文芸論、神話論ひいては思想そのものの全体に立ち入る余裕はなく、今指摘した二つの問題に対するこの時期におけるシェリングの基本的見解を見届けることができるのみである。

三　詩と神話における古代と近代

『体系』に続く『芸術の哲学』講義では、シェリングは、古代文芸と近代文芸との対立を神話論との関連で探求する[22]。一八〇二―三年冬学期および一八〇四―五年冬学期に繰り返し行われた講義でのシェリング芸術哲学は、主観的な作用美学から客観的な作品美学への転換を明瞭に告げ知らせるものであったばかりでなく、そこに含まれているギリシア神話論においても、かつては彼自身も従ったハイネに代表される寓意的（他意的）なギリシア神話論から自立的なそれ、詩的絶対性への転換をも告げ知らせるものであった。ここで後者に関してのみコメントすれば、それはモーリッツの試みへの注目によってもたらされた。彼は『神話論』（一七九一年）で「神話的象徴表現を美的想像力の固有の力動、自立から把握し表示することを特に重視した」[23]のだったし、「神話を、その意味をそれ自身において担う世界そのものとして解釈した」[24]のだった。シェリングはかの講義でこのようなモーリッツ説に言及し、「モーリッツが初めて神話をその詩的な絶対性において表示した」（V, 412）と、これを高く評価する。だが一方で、シェリングはモーリッツの企てを未完に終わったものと見なし、その完成を、自身の同一哲学におけ る神話の体系的、歴史的基礎づけによって果たそうとしている。[25]件の講義におけるシェリングの神話論とは、基本構想としてはこのようなものであった。

さて、シェリングは当講義において、その体系的基礎づけのために、芸術の表現様式を、図式的、寓意的、象徴的というように三つに区分し、神話をこれらのうち象徴に相当するものと見なす。すなわち、神話は、彼にとって、「普遍が特殊を指示する（図式）のでもなく、特殊が普遍を指示する（寓意）のでもなく、両者が絶対的に一つであるところの総合」つまり「象徴」として、理念の客観的、実在的直観にほかならなかった（V, 407）。「芸術は根源的美を諸理念の内で直観する。……諸理念は実在的なものとしての直観されるかぎりで芸術の素材、芸術の普遍的絶対的質料である。すべての特殊な芸術作品は完熟したものとしてその質料から初めて生ずる。この生きて現存する実在的諸理念が神々である。したがって、普遍的象徴表現すなわち諸理念の実在としての表現は神話の内に含まれている。……実際、あらゆる神話の神々は、客観的・実在的に直観された哲学の諸理念以外の何ものでもない」(V. 370)。このようにシェリングによって、ギリシア神話が象徴的なものとして捉えられていることは、L・シボルスキーも指摘しているように、古代芸術と近代芸術の対立を規定するために決定的な意味を持つ(26)。けだし、シェリングによって、古代芸術とは異なって、近代芸術は寓意的でしかありえないと見なされることになるからである。ここで対立的に捉えられている古代と近代とは、端的には、ギリシア神話とキリスト教神話との対立であり、両者は原理と素材の双方において異なっているとされる。前者の原理が実在的で、その素材が自然であるのに対し、後者の原理は東方(オリエント)を経由したために観念的で、その素材は歴史である(V. 419, 421 ff., bes. 426 f.)。「実在的神話はその開花をギリシア神話において達成し、観念的神話は時の経過につれてすっかりキリスト教に流れ込んだ」(V. 424)。「東洋的理念が西洋的地盤に移植されたことは必然であった。この地盤は単独では不毛であって、観念的原理がオリエントから到来せざるをえなかったのである。……まったく異質な要素が触れ合うところでは、最初は全生命の始まりである混沌たる素材が形成されるが、キリスト教的素材が神話へと形成されることがまったくなければ、キリスト教が普遍史的となることはなかったであろう。というのも、普遍的素材が全神話の第一条件だからである。ギリシア神話の素材は自然すなわち総じて普遍を自然と見る直観であり、キリスト教神話の素材は総じて普遍を歴史すなわち摂理の世界と見る直観であった。これが、古代的宗教および詩との本来の転換点である。近代世界は、人間が自然から引き離される時に始まる」(V. 426 f.)。

ここに提示されたシェリングの近代概念は、通常の時代感覚からすると、われわれの常識的な時代観に反するかに見えはするが、概念内容としてはわれわれに違和感を与えるものではなかろう。というのも、人間の自然からの離反は、シェリングとともに、われわれにとっても、問題的な自由を意味するからである。人間的自由の問題性は人間の歴史の開始とともに胚胎されながらも、われわれが近代として知る時代にその姿を如実に現したものであり、この意味で、これは優れて近代的と言わねばなるまい。

『芸術の哲学』講義に認められるシェリングの近代概念のもう一つのメルクマールは、近代世界を「個の世界」と見る見方である。むろん、これは「類の世界」としての古代世界概念の対立概念である（V, 444）。「後者では、普遍が特殊であり、類が個である」のに対し、「前者では、特殊が普遍を指示するにすぎない」。シェリングは両世界の対立をこのように捉えて、近代世界の内に滅亡を、古代世界の内に永遠を見ている（ebd.）。滅亡という点に関して、ここでは彼は多くを語らず、ただ、近代世界の「支配的法則」が「交替と変遷」だと指摘するに留まる（ebd.）。これと同じ発言が同時期の彼の小論「ダンテ論」（一八〇三年）に見出される。そこでは近代詩の法則（端的には近代における叙事詩出現の可能性の問題）との関連で、類の概念と個の概念を用いて古代世界と近代世界とが区別され、後者の法則として「交替と変遷」が語られ、さらに次のような発言がそれに続く。「普遍性が詩の本質なのだから、個人が最高の固有性によって再び普遍妥当なものとなり、完全な特殊性が再び絶対的となるというのが必然的要求である。まさにこの端的な普遍、他との比較を絶した彼の詩の普遍によって、ダンテは近代芸術の創造者である」（V, 153 f.）。シェリングはここで近代における神話すなわち「新しき神話」創造のための条件を、ダンテに認められるような普遍性の内に見出している。

今一瞥したダンテ論は、われわれが「新しき神話」創造の不可能の問題を考えようとする場合に決定的に重要な役割を果たす論作なのだが、この点は最後に見ることにして、今しばし『芸術の哲学』における近代概念に目を留めるならば、シェリングによって個として特徴づけられた近代概念の芸術版が独創性、オリジナリティーの概念である。シェリングがこの概念に付与した評価は逆説的で、そこにむしろいわば近代の超克の可能性を期待している。すなわち、彼によれば、芸術を創造する個人が独創的になればなるほど普遍的になる、というのが独創性、オリジナリティーの法則だからである。この法則を立てる際、彼はそれにかなう芸術家として、具体的にはダンテの他にシェイクスピア、セルヴァンテス、ゲーテを批評しつつそれを行っている（V. 445 f.）。もっとも、これはあくまで一つの可能性であって、この問題に関する彼の本意は天才的な個人に対する期待ではなく、むしろ詩作集団の登場に対する期待にあったように思われる。彼が今度はここで範として念頭に置いているのは、古代的神話、詩の創作の担い手、ホメロスである。シェリングは超越論体系以来、繰り返し神話というものが個人の作品ではなく、種族の作品であるべきだという点を強調しているが（III, 629; V, 414 ff.）、その際、彼の視野には、フリードリヒ・アウグスト・ヴォルフ（*Prolegomena ad Homerum*, 1795）によって提起されたばかりの、二大叙事詩『イーリアス』および『オデュッセイア』の成立問題、著者問題が収められていた（vgl. V, 415）。彼の問題提起すなわち彼が両叙事詩の創作を一人の作者に帰すことを疑ったことから近代のホメロス学研究がスタートしたことは周知のとおりである。[27] シェリングは『芸術の哲学』第二部「芸術哲学の特殊部門」中の詩論（「芸術作品の実在的側面」）でも、ホメロスの二大叙事詩を典型とする古代叙事詩の根本性格の一つと見なした詩の始まりと終わりの偶然性の理由として、「ホメロスが〔複数の詩人の〕集合だ」というヴォルフ説を挙げて、これを支持している（V, 651）。こうした支持を含んだ彼のホメロス論は、同じ詩論の後の箇所では、先に示唆した新旧問題との関連においても再論される。そこでは、前記の古代叙事詩の一根本性格に対して「古代の叙事詩の意味において企てられた近代的な詩」の一典型としてのウェルギリウスの『アエネーイス』が対置されることによって、古代対近代、種族対個人についてのシェリングの根本的な見解が次のように表明されている。すなわち「この叙事詩の荘重な偶然性は……『アエネーイス』によって帳消しにされる。『アエネーイス』はローマ帝国をトロイアから導出し、それによってアウグストゥスに媚びを売ることを目的としている」（V, 655）と。ここに示されたウェルギリウスの詩に対する評価は、今日の通常の評価とは異なって特異なものだが、その特異さは詩論のさらに後のジャンル論でのルクレティウス教訓詩に対するシェリングの高い評価を引き合いに出すならば一層際立つ。

四　歴史の神々と自然の神々

周知のとおり、シェリングにあって詩のジャンル、とりわけ叙事詩の各ジャンルは、この時期の彼の哲学的立場、すなわち同一哲学の立場に立って導き出される。絶対的客観性の下での主観性と客観性の最高の同一性としての叙事詩における同一性の実在的＝客観的な極が悲歌と牧歌であり、実在的＝主観的な極が教訓詩と風刺詩である（V, 657 f.）。ここで実在的＝主観的な極に位置づけられた教訓詩はさらに道徳的なそれと理論的なそれに分けられる。テオグニス、ヘシオドスの詩が前者の例であり、パルメニデスとクセノパネス、ピュタゴラスとタレス、それにエンペドクレス（彼はアナクサゴラスの自然学をピュタゴラスの知恵と結び付けた）とルクレティウス（彼は詩の表現様式をエンペドクレスから借り、詩の素材ではエピクロスに従った）の詩が後者の例である（V, 663-5）。これらの内、シェリングが詳しくコメントを加えているのはルクレティウスであり、そのコメントの中心は、「われわれはルクレティウスの詩を絶対的教訓詩の一つの試みと見なしうるにすぎない」という発言である。ここに「絶対的教訓詩」とは、対象そのものが詩的であるような詩のことであり、ルクレティウスの詩はそのようなものではなく、「表現すべき対象そのものが非詩的で、すべての詩が主観に舞い戻らざるをえない」という点で「一つの試み」にすぎないとされている（V, 665）。そうしてまた、シェリングは、古代叙事詩の詩形に倣ったルクレティウスのヘクサメトロスが詩としての洗練度においてウェルギリウスの詩行に劣る点をも指摘している。もっとも、シェリングは内容、本質に関しては、ルクレティウス教訓詩を高く買っている（ebd.）。なぜなら「彼の作品の本質には徹頭徹尾偉大な心情の刻印があり、この真の詩的精神にとってのみ、自然の真の司祭の敬虔と霊感としてのエピクロス説を叙述することが可能であった」（ebd.）と考えざるをえないからである。シェリングにとって、この意味で、エピクロスのみならずルクレティウスもまた「自然の真の司祭」であり、このようなものとして彼が偉大であるのは、思弁的＝理論的な側面においてだけでなく道徳的＝実践的な側面においてもそうなのである（ebd.）。

筆者はかつて以上のようなシェリング説とは独立に、ヘシオドスとルクレティウスの自然詩、教訓詩の内に自然哲学の源流を見出そうとしたことがあった。[28] 前者がホメロスの叙事詩には欠落している宇宙発生論を含んだ最古の詩であるだけでなく、そこでは人間の生き方（人間の正義）が自然の営み、秩序（神々の正義）と一体のものとして説かれているからであり、後者がエピクロス説に依拠しながら同様のことを説くものであるだけでなく、ルネサンス期に発見され、ガッサンディ、ガリレオ、デカルト、ニュートン等近代科学の立役者達の思考を養い、さらにはドイツの文芸のみならず自然哲学に多大な刺激を与えたものであったためである。[29] シェリングは、近代世界には真の叙事詩も真の宇宙発生論もないことを強調するが（V. 438, 442）、今指摘したとおり、彼が叙事詩の典型と見なすホメロスのそれには宇宙発生論は認められない。これを含む最古でかつ最も典型的な叙事詩、教訓詩を古代世界に求めるとすれば、それはヘシオドスの詩をおいて他になく、この点で筆者はシェリングの詩のジャンル論における道徳的な教訓詩と理論的な教訓詩との区別とヘシオドス叙事詩に対する低い評価には同意しかねる。これこそが後者に分類している多くの叙事詩の先駆形態にほかならず、またそれら悉くにおいて理論と実践とが一体であるところにこそ、近代の自然論には見出されない古代叙事詩、教訓詩の重要性、価値があると筆者は考えるからである。もっとも、ルクレティウスの詩に関しては、先に注目したとおり、シェリングはこの点を認めていた。

ともあれ、ルクレティウスのそれを一つの典型として論ずるシェリングの教訓詩論の内、最後の議論では、「近代の教訓詩」の問題、言い換えると「新しき神話の可能性」の問題が論じられている。その議論は、まず「教訓詩は宇宙の反映を知において叙述すべきである。それゆえ、宇宙の完全な像は学問において達成されていなければならない」ということを指摘する。この指摘の意味するところは、ルクレティウスの先例にあっては古き宇宙論に従って詩作がなされており（これはダンテの場合も同様である）、「近代の教訓詩」においてはコペルニクス以後の新たな宇宙論が基礎に置かれねばならないということであろう。この指摘では、教訓詩は時代の自然哲学の成熟、完成を必要条件とするというシェリング神話論の基本的見解が表明されているが、彼にとっては、この条件が満たされることによって初めて近代の教訓詩ひいては叙事詩の出現の可能性も出て来ることになる。「絶対的教訓詩もしくは思弁的叙事詩の源泉は学問の完成と一致する。……近代にとっての真の叙事詩と神話の唯一の可能性について以前に示した点、すなわち歴史の神々たる近代世界の神々が神々として現れるためには自然を手に入れなければならないであろうという点――この点に関して私は言う。自然に関する真の最初の詩は同時に真の叙事詩でもあろう、と」（V, 667）。ここで「以前に示した」と言われているのは、『芸術の哲学』中、破格に長大な節、第四十二節での議論であり、そこでは近代世界における叙事詩と神話の可能性すなわち「新しき神話の可能性」が歴史と自然、観念と実在との総合もしくは内と外への普遍性として語られていた。シェリングは、「内と外への普遍性」こそが「全文芸・詩の根本要素」だという彼の基本的立場（V, 444）から、歴史的、観念的なキリスト教文芸と自然的、実在的な自然哲学との双方の内に先の可能性を探ろうとする。前者においては特にカトリシズムとその内面化である神秘主義が俎上に載せられる。カトリシズムに対する彼の評価は、それが「全近代文芸・詩の必然的要素ではあるが……世界精神の一部にすぎない」(V, 442) という、その一面性の強調となっており、また、神秘主義に対する評価も同様、その「最も純粋で最も美しい道徳」ゆえの主観性という一面性の強調となっている。そこで具体的に挙げられているのが、近代悲劇の担い手として古代悲劇のソフォクレスに比せられるカルデロンであった(V, 442 f.)。総じて、シェリングは、キリスト教の内に有限における無限の直観を見出し、これを高く評価しはするが、そこにおける客観性の欠落(V, 447) ゆえにそれを全面的に支持するわけに行かず、その克服を課題とする。そこで浮上して来るのが自然哲学である。というのも、キリスト教の場合と同じ直観を「普遍妥当的な仕方、学問的に客観的な仕方で」行うものこそ(V, 448)、彼がかつて「思弁的自然学」spekulative Physik もしくは「高等自然学」höhere Physik と名づけた自然哲学にほかならないからである。すでに指摘したとおり、彼にとって、時代の自然哲学の成熟、完成が「新しき神話」創造の必要条件なのであり、それによって「新しき神話に素材」が提供される(V, 446) と考えられていた。

してみれば課題は、自然哲学の神話化、詩化ということになろうが、この課題の実現に関して、われわれはキリスト教の場合と同様の困難に直面する。彼はキリスト教に関連して「歴史の神々」について語った際、それらは「自然の神々」とならなければ詩的になりえないと言い(V, 448 f.)、さらに、だからといって「キリスト教的形象にギリシア人達の実在的神話を押し付けようとしてはならず、むしろ逆に、彼らがその実在的神性を歴史に移植させたように、その観念的神性を自然に移植しなければならない」(V, 449) と指摘している。ここでの困難さは、他の言い方に従って言えば、「古代神話の近代人のための利用」(V, 443) であってはならないということを意味している。それならば、近代における対照的な二つの領域を一つにする、すなわち、キリスト教の自然哲学化あるいは自然哲学のキリスト教化を試みればよいということになりはしないであろうか。またこのことによって、真の叙事詩も新の宇宙発生論もないという近代世界における二つの欠落を埋めることも可能になりはしないであろうか。だが、この点については、シェリングは否定的である。自然哲学の神話化、詩化の問題を論じた際、そのような試みの内に彼はキリスト教的神話の場合と同じ困難を見出している。この点について、彼はたとえば次のように言っている。「哲学すなわち高等自然学の諸理念を神話的形象によって象徴化する」(V. 446)ということが学問としての自然哲学の神話化、詩化という課題であろうが、この課題すなわち「全自然哲学を神話という象徴において表現する」(ebd.)という課題を仮に彼自身が引き受けたとしても、所詮は古代的神話の単なる利用に終わるであろう、と。課題実現のために必要なものとして彼によって考えられているのは、「利用」ではなく「創造」なのである。それゆえ、彼は繰り返しこの点を強調している(V. 446, 447)。シェリングが「思弁的な高等自然学の内に将来の神話と象徴表現を求める」と主張したその真意は、近代、ひいてはキリスト教の「観念的形象に自然学によってその神々を賦与しようとする」ことではなく、「むしろその神々を待ち望む」ということであった(V. 449)。ここには「来るべき神」の待望という、ヘルダリンの思想と共通した思想が顔をのぞかせているように思われる。

五　神々の不在――「新しき神話」の不可能性

「来るべき神」der kommende Gottという語は、ヘルダリンのエレギー中の最大雄編『パンと葡萄酒』中に登場する。彼のエレギーの最大傑作に冠された表題は、これを一見したかぎりでは、キリスト教の秘跡を象徴するかのように見えはするが、実際にはそうではなく、それは神の子イエスと異教の神、ギリシア神話の酒神ディオニューソスとの合体を現している。このモチーフはこれに続くエレギー『唯一者』や『パトモス』ではさらに展開されるに至っている。この点、たとえば後年（『パンと葡萄酒』は一八〇〇年前後の作）、シェリングが晩年の『神話の哲学』や『啓示の哲学』講義（一八四一―四六年）において、キリストとディオニューソスを合体する新たな神概念を模索していること[30]を考え合わせると一層興味の尽きない問題であるが、この点には立ち入らず、ヘルダリンの『パンと葡萄酒』における「来るべき神」の問題に戻る。当エレギーは、すでに指摘したとおり、キリスト教と異教を結合する試みではあるが、この詩ではキリスト教の要素は希薄であって、もっぱら謡われているのはむしろ古代ギリシアの神々、とりわけ酒神ディオニューソスであり、「来るべき神」という語はディオニューソスを指している（もともとこの詩は草稿では「酒神」Weingottと題されていた）。

それゆえ来るがよい！　イトモスへ。パルナスの裾を洗って大洋がとどろき

白雪がデルフォイの岩山を覆ってかがやくところへ　オリュンポスの国へ　キタイローンの高みへ
唐檜の木陰へ　葡萄のたわわに実るところへ。
そこにテーバイの泉は湧き　イスメーノス川はカドモスの国を音高く流れる。
そこから来、そこを本源の地として指すのだ　来るべき神は。(31)　(II-1, 91)

ここでヘルダリンは「来るべき神」をギリシアの地テーバイと結び付けているが、『パンと葡萄酒』に続く『パトモス』では、この神が未知のものを探し求めるのは「アジア」であり、両詩に先立つオーデ『詩人の天職』では、この神（＝バッカス）の出所は「インダス河」とされている。いずれにせよ、ディオニューソス（＝バッカス）は異教の神にほかならなかった。たとえばそれはエウリピデスの『バッカイ』のプロロゴス（前口上）で謡われているようなアジアを経巡った後初めてギリシアの地に足を踏み入れた、かのディオニューソスである（Bakkai. 1–20）。(32)ヘルダリンは、われわれを救うはずの神として、西洋世界に根を下ろしたキリスト教の神のみを考えるのではなく、異教の神（もしくは神々）をもそれとして考えようとしていた。(33)だが、その神々はもはやいない。『詩人の天職』ですでに「神の欠如」に一言呈していた彼は『パンと葡萄酒』で神々の不在に多くの詩句を費やしている。たとえば第四連。

至福のギリシアよ　おんみ　すべての神々の家居よ。
かくもまことなのか　われらがかつて聞いたことは。

壮麗な広間！　床はわだつみ　食卓は山々
まことに類なき使用をめざして遠い世に建設されたのだ。
だがいま　あのもろもろの王座はいずこにあるや？　あの聖殿は？　神酒を
なみなみと満たした盃はいずこ？　神々を喜ばせた歌は？
いずこに　いずこにかがやくのか　誤ることなく的を射抜くかの信託は？
デルフォイの眠りに落ちた　いずこにかの大いなる運命はとどろいている？
いずこにかの神聖な運命は？　偏在する幸福を孕んで
晴朗なる空から雷の轟音とともにそれが人々を打つのはいずこ。
父なるエーテル！

(II-1, 91 f.)

またたとえば第七連

だが友よ！　われらは来るのが遅すぎたのだ。
神々は生きてはいるが
それは　われらが頭上　別世界なのだ。
………
何をなすべきか　はたまた何を言うべきか

私には分からない。そのうえ何のためなのか
乏しき時代に詩人とは。

本章の冒頭に掲げたわれわれの最初の問いは、「新しき神話の可能性」であった。だが、この可能性への問いは、問われている当のものが必ずしも現実化されるとはかぎらないという含意を孕むものとして、その内に不可能性への問いを腹蔵せざるをえなかった。われわれがシェリングに対して問わねばならないのは、自身が掲げた課題をシェリング自身、果たさないまま終わっているという問題である。

すでに他の機会に指摘したことではあるが、シェリングの『超越論的観念論の体系』、シュレーゲルの『文芸対話』が出た翌年の一八〇一年に――これはシェリングが芸術哲学に関する講義を始める前の年に当たる――ヘルダーは、ルクレティウスのそれに匹敵するドイツの教訓詩が一つの思想詩、哲学詩として出現すべきことを提唱していた。教訓詩を詩作した外国における前世紀の偉大な詩人として彼が名を挙げているのは、ボワローとポープであったから、彼のこの提唱は、ドイツにおけるボワロー、ポープ出でよ、という呼びかけであった。だが、シェリングはこの呼びかけに応えなかったし、またそれより少し前の一七九九年、ゲーテはルクレティウス風自然詩の作詩計画を立て、シェリングと共作しようとしたことがあったが、これも実現しないままに終わっている(34)。しかもこの時はちょうど、彼がダンテの『神曲』と出会った年に当たっていた。この年の終わり、彼はフリードリヒ・シュレーゲルを通してダンテを知るに至っている。彼にとって、その「ダンテ論」で述べられているように、『神曲』は彼

の時代の知の完全な統合として新しき叙事詩の模範と思われた。[35] だが、教訓詩としての叙事詩創作の努力は、先に指摘したように、『芸術の哲学』講義では避けられており、またW・ホグレーベの指摘に従えば、一八〇七年のアカデミー講演（VII, 327）では、哲学の詩との融合の可能性は否定され、作詩の試みは一八〇九年には完全に放棄され、一八一〇年から新たな構想が立てられるに至る。かの『世齢』構想 *Weltalter*-Entwurf である。彼はその中に詩、韻文の形では放棄された散文としてのシェリング流神曲的試みを見ている。[36] 実に興味深い指摘である。ところで、この点についての考察は初期シェリング神話論の解明を課題とした本章の考察の範囲を超えている。『世齢』構想については章を改め、次章冒頭部（第一節、第二節）で考察し、続く同章本体（第三節以降）では、『世齢』付録に登場する中期シェリングの神話論がいかなるものかを見届けるとしよう。

第二章　サモトラケーの神々

中期シェリングの神話論

はじめに

故事は聞知され、現今は認知され、前途は予知される。
聞知は物語られ、認知は描写され、予知は予言される。
Das Vergangene wird gewußt, das Gegenwärtige wird erkannt, das Zukünftige wird geahndet.
Das Gewußte wird erzählt, Das Erkannte wird dargestellt, das Geahndete wird geweissagt.

（WA I 3; WA II 3; WA III, 199）

ここに引用した『世齢』*Weltalter*草稿の冒頭文言は、一説によれば「三十回」も書き直されたようだが、著者の構想に対する思い入れの深さ、拘りの強さが伺えるエピソードである。この印象深い冒頭文節のみならず、草稿全体も実際何度も繰り返し改稿された。今日われわれの手にしうる草稿群は、第二次大戦後間もなく刊行されたシュレーター編シェリング著作集ミュンヘン記念版の遺稿巻に収められた二種の草稿（第一、第二草稿）および付随の最初期草稿をはじめ[1]、すでに旧全集第八巻（SW, VIII）に収められていた草稿（第三草稿[2]）を入れて四種、それに最近刊行されたベルリン遺稿六種を加えただけでも十種に上る。最初期草稿の執筆年が定かでないが、執筆年はそれぞれ、第一草稿（WA, I）が一八一一年（執筆開始は前年末）、第二草稿（WA, II）が一八一三年、第三草稿（WA, III）が一八一四―一五年であり、ベルリン遺稿にはいずれも執筆年記載がなく、編者クロッチュの推定によれば、それらの執筆年はおおよそ一八一三年から一八一七年もしくは一八一八年の間とされている。(3)

なお、これらの他に『世齢』の「付録」に相当するテクストも遺されており、これは、一八一五年にミュンヘンのバイエルン学術アカデミーで行われた『サモトラケーの神々について』*Ueber die Gottheiten von Samothrace*と題された講演テクストであり、むろん、これも一連の世齢プロジェクトの一環をなすものだが、これは生存中刊行されずに終わった前記の諸草稿とは異なって、講演同年に単著として刊行されている。これが『世齢』プロジェクト関連では、唯一の刊行物、公刊書なのである。講演という発表形式の相違もさることながら、古代世界における種々の神話比較、神々の神名の語源詮索によって人類の神観のいわば「原型」を探り当てようとするという内容面でも、こちらは後年の一連の『神話の哲学』講義の起点となったという意味で、看過できない注目すべき著作である。(4) 本章の考察の主たる課題は、このようなアカデミー講演での独特な神話解釈の意義を明らかにする点にあるのだが、講演テクストには「世齢への付録」*Beylage zu den Weltaltern*という副題が付されている点に鑑み、以下、『世齢』プロジェクトの問題点について若干コメントしておきたい。

『世齢』プロジェクトに関して、ここでまず問いたいのは、十年を超える長きにわたり繰り返し書き換えがなされた草稿がどれ一つとして世に送り出されなかったのはなぜかという問題である。周知のとおり、ハイデガーが彼のシェリング『自由論』考で、(5) シェリング哲学の「挫折」を主張して以後、中期、後期のシェリング哲学に関してしばしばその「挫折」が指摘されており、筆者にとって、これは再考を要する問題だからである。とりわけ、『世齢』プロジェクトに関し、その草稿類がどれ一つとして出版されなかったこと自体、如実にその「挫折」を物語っており、これは疑いようのない事実であるように見える。本章劈頭に引用した『世齢』草稿冒頭文言に見られるとおり、その記述は過去、現在、未来に及んでおり、『世齢』書は当初の構想としてはそれぞれをテーマとした全三部からなる著作として公表されるはずだった。ある書簡の弁から分かることは、「過去」に関する第一部のために実際に印刷がなされ、校正も行われていながら、全三部を同時に刊行したいという希望などから、[6]結局、著者生存中にそれらは刊行されずに終わったばかりか、今日残されている遺稿はすべて「過去」に関する第一部にかぎられており、この点からも『世齢』プロジェクトの「挫折」は否定しようもない。以下まずはこうした「挫折」問題の所以を明らかにするために当プロジェクトの意図、狙いが何であったかを確認するとしよう。

一 語りと弁証法または詩と哲学——『世齢』プロジェクトの「挫折」問題

筆者はこの問題を解明するための最初の手掛かりとして注目するのは、シェリングが『世齢』書 *Weltalter-Buch* の刊行を依頼し、実際にそれを手掛けた出版社主のコッタに宛てた書簡（一八一四年八月一九日付）に認められた次の抱負である。「世齢は教養あるあらゆる人々にとって読みやすいように書かれている。……認知された真理を私の同時代の人々が忘れないよう私は切に願っている。[7]」——こうした抱負を、われわれは『世齢』書刊行の企てが特殊な学者、専門家向けのものではなく、一般の教養人向けのものであったという意味で、ホルツとともに「通俗哲学」eine *Popularphilosophie*(8)の企てと呼ぶことにしよう。シェリングはこうした企てを試みるまでに、専門家向けの論文や著書以外に書簡体の論争文（「哲学書簡」一九九五―九六年）や対話体の著書（『ブルーノ』一八〇二年）を世に送り出していた(9)。今度の試みではどのようなスタイルの書物が世に送り出されようとしていたのだろうか。それは、古の哲学者たち（ヘシオドス、クセノファネス、エンペドクレス、パルメニデス）のように「詩によって自身の哲学を説く」のではないものの、「著作全体を通して弁証法的でありながら、全著作の頂点、究極の美点において物語的となる神的なプラトンのように、哲学者が物語の無邪気さに戻りうることができれば」（WA I, 14）という期待に基づいていた。周知のとおり、プラトンは、叙事詩や抒情詩や悲劇が栄えた時代の諸成果を踏まえて思索し、数々の「対話篇」を著し、そこにふんだんに「物語」*Μῦθος*を書き込んだ。しかも、それは、真理が「想起」*ἀνάμνησις*によって獲得できるという真理観の下に、対話や物語は、いわば「真理を想起するよすが」として用いられていた。『世齢』を綴るシェリングも、自身の獲得した真理の意義を読者に気づかせるため、プラトンに倣い、「想起」Erinnerungを、そうした自身の思考の中枢に据える。シェリングによれば、目下のところ、真理すなわち「諸事物の原像（Ur-bild）は……覆い隠され、忘れられた像として眠っている」（WA I, 6）からである。「原像」という語はプラトンの「イデア」を彷彿とさせる語であるが、ここにさしあたり「真理」と称しておいた事柄を、シェリングは当草稿（第一草稿）「序説」では、これを「真の生者」ein lebendiges, wirkliches Wesen（WA I, 3）や

「全存在者の最古のもの」としての「原生」das Urlebendige（WA I, 4）あるいは「自然」eine Natur（ebd.）――彼にとっては、「言葉の十全な意味での自然」（ebd.）にほかならなかった――等、様々な語を用いて名指している。これはまた、彼が『自由論』の核心的部分で活用した神智学と関連づければ、「超世界的なもの」にほかならず、神智学者達は「われわれが副次的なものを脇に追いやり、あらゆる二元性を廃棄することによって、いわばひたすら内面的になり、超世界的なものの内に生きることが可能だと考えた」（WA I, 9）と記されているように、シェリングが『世齢』プロジェクトの意図を記した「序説」で、格別、神智学に紙幅を割くことになるのだが、それは、「神智学が内容の深淵と充実と活性という点で哲学より優れている」（WA I, 12）ことをこの時期においてもなお認めていたからであり、また、彼が「最高の学問」（WA I, 4）と呼ぶ哲学が対象とすべき前記の「原生」や「自然」と同じ対象、すなわち「存在の最内奥の初源」（WA I, 10）を神智学も対象としていたからでもある。[10] しかしながら、シェリングによれば、両者は対象を捉える器官を異にしており、この点で、彼は両者の間に決定的な境界線を引く。神智学者達の対象を捉える器官は大方の神秘主義に共通の「純粋観照」（WA I, 11）であり、シェリングが批判的に指摘するところによれば、そこでは「知性」が欠落しており、そのため神智学の愛好者は事物の「諸契機を区別し、選別し、相対立させて観察することができない」（ebd.）。けだし、「純粋観照」は「それ自体では黙して語らず、語り出すには媒介器官を必要とする」（ebd.）からである。

そこで持ち出されるのが、いわば「哲学する器官」としての「弁証法」である。シェリングが強調して言うには「全学問は弁証法を通り抜けねばならない」(WA I, 13)。ただし、注意すべきは、ここで「弁証法」として持ち出されているものを「外的な対話術」に堕した通常の「弁証法」と混同してはならないということである。シェリングはありうべき真の弁証法として、「二つの存在者、問う者と答える者とが存する秘密の交流」によって成立する「内的対話術」を想定し、これを「哲学者の本来的秘密」と呼び、その「模像にすぎず……ただの形式と化した外的弁証法」と区別している(WA I, 7)。ここに「外的弁証法」とあるのは、ヘーゲルのそれへの当てつけを意図してのことかもしれない。けだし、盟友だったはずのシェリングの打ち立てた同一哲学に対して、「すべての牛が黒く見える夜」(III, 33)と酷評した著書『精神現象学』(一八〇七年)の「序言」で、ヘーゲルは、自著の狙いが「哲学を愛知という名を捨てさせる現実的知と化すという目標に近づけることである」と宣言していた。彼にとって「真理が現存する真の形態が真理の学問的体系以外にありえない」(III, 12)からである。これに対して、『世齢』「序説」のシェリングはあくまで自身が哲学の本来の意味である「愛知」の立場に留まるものであることを強調し、弁証法に対して過大な期待をかけることを戒めている。

われわれが学問と呼ぶものはせいぜい想起への努力にすぎず、学問そのものというよりはむしろまだ想起への願望にすぎない。明らかにこのような理由から、この学問に古代のかの高貴なお方によって愛知という名が賦与されたのだった。哲学を弁証法によってついに現実的な学問に転換できるという時折抱かれる考えは少なからず限界を露呈している。
(WA I, 7)

シェリングに言わせれば、「真の弁証法」としての「内的対話術」にとって肝要なのは、「学問の光が外的となりうる前に、内的な分離と解放によって発生していなければならない」(ebd.) ということである。なぜなら、「記憶は最初から横たわり現前しているものではなく、常に内面からようやく発生してくるもの」(ebd.) だからである。再び神智学との関連に戻って言えば、シェリングにとって、彼がここで標榜している「内的な分離」こそ、「内面」に沈潜する神智学とは異なって、われわれに知識と言語とを与えるものにほかならない。「高次のものの内では一切は区別なく一者としてあるが、高次のものは自身の内での一者を、他者(低次のもの)の内で区別可能にし、言表し、分解しうる。それゆえ、両者は等しく大いに分離を要望する」(ebd.)。「この分離」はまた同時に「われわれ自身の二重化」でもあり、これこそが先に注目し特筆した「二つの存在者。問う者と問われる者とが存する秘密の交流」としての「内的対話術」(WA I, 8) にほかならなかった。

先に注目したとおり、シェリングによる『世齢』書執筆の根本動機、同書刊行の狙いの内には、「著作全体を通して弁証法的でありながら、全著作の頂点、究極の美点において物語的となる神的なプラトンのように、哲学者が物語の無邪気さに戻りうることができれば」(WA I, 14) という期待が籠められていた。こうした期待の下に綴られたプラトン讃には二つの異なった観点が含まれていた。一つは「弁証法」であり、今一つは「物語」である。前者は、彼の作品が「問う者と答える者」との対話からなる対話篇として著されていた点と関連し、後者はそうした対話篇中に挿入された数々の「物語」、たとえば『パイドロス』(246a ff.) での魂のイデア界への飛翔と感性界への墜落の説話のような「語り」であり、あるいは『ティマイオス』(29D, 30B, 44D etc.)では、そこに綴られた宇宙生成論そのものが「ありそうな物語」エイコース・ロゴスとして語られた。前者が「内的対話術」としての「弁証法」としてシェリングによって踏襲されていることは明らかだが、後者については少々検討を要する。けだし、そこで主要な役割を演じるのは、「問う者と答える者」ではなく、「語り手と聞き手」である。前者が双方向の対話、議論であるのに対し、後者が一方向の伝達である点で、両者は決定的に異なっているからである。われわれはこの問題をどのように考えるべきであろうか。

周知のとおり、「語り」の典型を想定するとすれば、当然思いう浮かぶものはかつての叙事詩であろう。それはダクテュロスもしくは時にスポンデイオスという詩律が六回繰り返されることによって一まとまり(書法としては一行)を形成するヘクサメトロスという韻文、詩として聞き手としての民衆を前に語り継がれたものにほかならなかった。[11] また抒情詩であれば、多くは詩人自身が竪琴を奏でつつ、自身によって自作詩が吟じられたし、合唱抒情詩であれば、集団で謡われた。[12] これまた周知のとおり、叙事詩と抒情詩に続いて栄えた悲劇における「コロス(舞唱隊、合唱隊)の存在はこうした伝統を引き継いだものだったが、そこでは役者達が語る台詞でさえ、それにふさわしい韻文で語られた。[13] いずれにせよ、古代世界においては長らく「語り」と「詩」とは一体をなしていた。これに対して、プラトン対話篇での「語り」は、形式上、詩から離れ、聴かれるものではなく、読まれるものとして散文で綴られており、ここに存在するのは書き手と読み手、読者である。したがって、プラトン対話篇での「物語」は内容面での特徴づけということになる。「読みやすさ」としてのいわば「通俗哲学」を標榜するシェリングの

『世齢』書における「語り」も、プラトンのそれに準ずるものと見なすほかなかろう。このように見れば、そこでの「弁証法」と「語り」とは一応並立、両立可能と見なすことも可能となろう。ただ、シェリングの標榜する「通俗性」に拘るならば、詩と関連する問題、内容的にはとりわけ叙事詩との関連の問題が依然として残るであろう。しかも、少し遡り、初期著作に眼を向ければ、たとえば、『超越論的観念論の体系』（一八〇〇年）を閉じるにあたり、シェリングは。哲学の最終到達点として、詩で始まった哲学は詩に帰る、「詩という大海へ還流する」（III, 629）という「精神のオデュッセイア」（III, 628）への期待を表明していた。『世齢』「序説」には、そうした期待があたかも実現される時が来たかのような記述が見られる。

> 今や長きにわたる様々な混乱の末に自然の想起、かつて学問が自然と一体であったことの想起が学問に再生している。……それ以来……学問は無意識な現存在から始め、それを神的な意識における最高の浄化へと導いて行く。今や最高度に感性を超える諸思想は自然的力と生命を獲得し、逆に自然は常に最高の諸概念の目に見える模像となる。（WA I, 14）

これぞ、まさに期待され続けてきた「黄金時代」（WA I, 15）の到来であり、シェリングが『世齢』書で目指した「しばしば求められながら得られなかった通俗性Popularität」（ebd.）も、こうした時代だからこそ確保されるはずである。しかしながら、こうした「黄金時代」は、彼にとって、未だ将来に属すいわば「絵空事」でしかなかった。というのも、上に引用した期待に満ちた記述は「序説」末尾に綴られる最終結論に先立つただの挿話にすぎず、「序説」末尾では、『世齢』書の試みが、なお「学問の客観的叙述のためのほんの準備」(WA I, 16)に留まるものであることが明記され、強調されざるをえなかったからである。

ありしもの、あるもの、あろうものが太古の先覚者によって褒め称えられるような精神に包まれつつ、偉大な英雄詩を謡う者がいずれ到来するかもしれない。だが、このような時代はまだ来ていない。……現代は闘いの時代である。探究の目標はまだ達成されていない。語りがリズムに支えられ伴われるように、学問は弁証法に支えられ伴われねばならない。われわれは語り手でありえず、探究者にすぎない。(ebd.)

見られるとおり、「序説」結論部では、古の英雄叙事詩のような「語り」の不可能性がきっぱりと宣言され、それが「時来たらず」という時代の責に帰されている。確かに、かつてのテュービンゲン神学院時代以来の盟友、詩人ヘルダリンですら、かの悲歌『パンと葡萄酒』(一八〇〇年前後)で、神々が天上に去ってしまった「乏しき時代」での詩作の苦難を嘆いていた。[14] このような時代認識を踏まえれば、シェリングによって「語りの不可能性」が宣言されたとしても不思議ではない。しかしながら、シェリングは、先に引用したコッタ宛書簡に認めていたところによれば、いわば「通俗書」、「民衆本」としての『世齢』書の刊行によって一般の教養人達に自身の「認知した真理」を伝えようとしたのではなかったか。彼による『世齢』書執筆の根本動機、本当の狙いはどこにいってしまったのであろうか。

「序説」結論部で「語り」がきっぱりと否定されているにもかかわらず、それは、実際のところ本論では繰り返し試みられており、本論の実際の叙述形態は、実際には学問的な弁証法的叙述の折々にそれが困難な場合には比喩的語りが挿入されるというものであり、P・L・エスタライヒもこうした叙述形態を「弁証法スタイルと語りスタイルという二要素の特徴的な並行論」[15]と見なしている。したがって、問題はこうした叙述スタイルが成功しているか否か、ということになるが、この点、事の性質上、このような叙述スタイルを採る『世齢』プロジェクトは「方法論的ディレンマ」を抱えていると言わざるをえない。なぜなら、S・ペーツも指摘するとおり、「弁証法が当プロジェクトで従うべき役割に着目すれば元来制御不能に思われるし、意図された語りの形式に着目すれば自己矛盾しているように思われる」[16]からである。『世齢』プロジェクトの「挫折」問題は、それが扱う対象をめぐる葛藤[17]にあるというよりはむしろその対象の扱い方、方法にあるというのが筆者の見解である。以上で、『世齢』「序説」に定位した「挫折」問題に関する考察を終え、以下では『世齢』プロジェクトでの叙述の実際にいくらかなりとも触れるために、本論の冒頭部を見ておこう。

二　「原存在者の発展史の記述」――『世齢』プロジェクトの課題

「過去」と題された『世齢』第一書の本論は、古代世界の数々の「語り」への郷愁の表明から始まる。「世界の神聖なる曙から響き出ずる数々の語りの声のなんと愛しきかな！」（WA I, 19）と。――だが、「ここ」すなわち第一書での課題はこうした「語り」に唱和することではなく、「原存在者（das Urwesen）の発展史を記述すること」（ebd.）にあることが宣言される。ここ本論冒頭にすでに「語り」への郷愁と「語り」とは相容れない或る「記述」とのせめぎ合いが認められるが、シェリングの説明するところによれば、これは通常の歴史記述とは根本的に異なり、かつての叙事詩的「語り」やあるいは歴史的「語り」の元となった「伝説」すら存在しない「沈黙と静寂の時代」、「未だ開示されていない最初の状態、世界到来以前の時代から始める」独特の「記述」にほかならない（ebd.）。

課題宣言に掲げられた「原存在者」は、課題遂行の手始めでは、「至高者」とも「全時間を超えた彼岸にある者」とも言い換えられて、こうした存在者がどのようなものであるか、「手短に述べ」られる（WA I, 25f.）。こうした独特の「記述」のために持ち出される方法的手立ては、「序説」でプラトンの「内的対話術」に注目した際に核となった「想起」であり（ここ本論では「人間にあって全知は想起である」（WA I, 29）と一般命題として掲げられる）、またそのために設定されている理論的枠組みは、『自由論』（一八〇九年）で初めて導入された独特の存在論（W・ヴィーラントの用語を借りて言えば「根底‐現存‐存在論」

Grund-Existenz-Ontologie)[18]とそれと結び付いた「意志形而上学」(「意欲が原存在である」Wollen ist Ursein, (VII, 350) がその根本テーゼ)であり、これらを引き継いだ『世齢』書での思考法の特性は一種の「人間学」にほかならなかった。『世齢』第一草稿の本論冒頭ですでに強調されていたように、「伝説」すら存在しない「沈黙と静寂の時代」、「世界到来以前の時代から始める」独特の「記述」を試みるには、「一切を人間的に捉える」(WA I, 19) 以外に手はないからである。先に指摘した「記述」の方法としての「想起」もわれわれ人間の意識を媒体とするものにほかならない。こうした「想起」の試みは、シェリングがその初期に試みた自然哲学構築に際して従った方法に立ち返ってみると、彼にとって、自然を哲学するとは、われわれの外界に広がる自然を「忘れ去れた過去」と見なし、これを「自己の内に想起する」こと、すなわち「意識の基層を発掘する、いわば意識の考古学」にほかならなかったのだが、筆者によるシェリング自然哲学のこうした特徴づけを用いて言えば、「意識の考古学」の試みとも見なしうるであろう[19]。

このような「意識の考古学」としての「人間学」において、そこで記述の対象とされる「原存在者」、「至高者」の根本特性をシェリングはどのように考えたのであろうか。彼は「人間の内で最高のもの」や「子供」の純粋無垢を実例として挙げつつ、そこに「神」の根本特性を見出し、それを「永遠性」もしくは「純粋性」(WA I, 28) として規定し、人間概念に神概念を接続する。これは彼自身かつて(同一哲学期)「主客の真の絶対的統一」(ebd.) と規定していたものでもあったが、ここで新たに言及されるのは彼の先人達が特に「超神性」Uebergottheit (ebd.) と呼び習わしていたものでもあり、この点については、後年のエアランゲン講義（一八二一年）で詳論されることになる。次の点とともに。すなわち、われわれがこれに近づくには、「神性」同様の「純粋性」の境地に至らねばならない（WA I, 29f.）という点とともに。そうしてこうした境地を彼はエアランゲン講義では「脱自」Exstaseとして捉え、これを彼が長らく自身の哲学の方法としてきた「知的直観」に取って代わる新たな立場として強調することになるのだが[20]、それに十年先立つ『世齢』第一草稿中にすでにこうしたシェリング中期哲学のドイツ神秘主義とも通底する魅力に富んだ思想の一つが胚胎していたことをわれわれはここに確認できる[21]。

ともあれ、『世齢』プロジェクトで課題として立てられたのは「原存在者の発展史の記述」であった。それでは、「原存在者の発展」は何に由来するとシェリングによって考えられ、「記述」されることになるのであろうか。ここでもそれは「人間的に捉えよう」（WA I, 30）とする試みとなる。けだし、これによって、それが概念的抽象的にではなく、直観的具象的に認識できるばかりでなく、「存在者の生誕地の秘密を暴くことが可能となる」（WA I, 30）と考えられたからである。こうした秘密を暴くためにシェリングは、おそらくはわれわれがわれわれ自身の内面で経験している無欲と欲望との葛藤になぞらえてであろう、二つの対立する意志を想定する。「何も欲しない意志」der Wille, der nichts will（WA I, 31）と「何かを欲する意志」der Wille, der Etwas will（WA I, 33）とである。「原存在者」は「永遠者」、「純粋者」であるかぎり、「自己自身に関する沈思黙考」以外ではありえないがゆえに、「それを自己から引き離せない」し、「それそのものを意識できない」（WA I, 31）。このような「自己没入」として、それは「何かあるものへの始まりではありえなかった」（ebd.）。この意味で、それは「何も欲しない意志」（edd.）にほかならない。ところが、何かが始まるには何かある別の意志、「第二の意志」（WA I, 33）を必要とする。これをシェリングは具体的に「現存への始まりとなる意志」、端的には「現存への意志」der Wille zur Existenz（WA I, 31）と命名し、これを「何かを欲する意志」として「何も欲しない意志」に対置する。両者の関係は「第一の意志」が親となって子としての「第二の意志」を生むというような関係ではなく、あくまで「第二の意志」が「自己自身を生む」（WA I, 33）ような関係であり、このような意味で、それは「永遠性に対立している」（ebd.）。このような対立状態を、シェリングは「永遠性に対して、制限し、収縮し、否定する本性」（WA I, 34）と規定した上で（この点、後の第五節で再説）、両意志を「一個の存在者を形成する」（ebd.）ものと見なしもする。このように両意志を「本性上、相違し対立していながらも……一個の存在者」と見なす思考法はすでに『自由論』に見られたものであり、そこでは同一者の内なる対立者の区別は、「現存するかぎりの存在者と現存の根底であるかぎりの存在者との区別」（VII, 357）に相当するであろう。『世齢』草稿では、今われわれが敷衍してきた記述に続けて、『自由論』に登場した術語を用いつつ、いわば「神の愛と怒りの弁証法」が綴られる。これに関する考察は後の議論（第五節）に関連するため、ここでは立ち入らず、『世齢』草稿「序説」および本論冒頭部に関する考察をここで閉じ、取り急ぎ、件のプロジェクトに冠された邦題についてコメントしておこう。

　これまでわれわれが注目してきた草稿のタイトルDie Weltalterは、かつては「世代」もしくは「世代論」、最近では「世界時代[22]」あるいは「諸世界時代[23]」とも邦訳されているが、これらの邦語は原語を知る専門家たちにとっては該当テクストを想定するに窮することはありえないにしても、私見に従えば、一般の読者にとっては、こうした邦題からその内容をいくらかなりとも想像することは不可能と言うほかなかろう。ために筆者はこれまで試みに「世界生成論」や「世界暦年」などを邦題として用いてきており、(24)「世齢」も候補として挙げながら、日本語としての馴染みの薄さから使用を控えてきた。(25)本章では、上で用いてきたとおり、「世齢」を邦題としてあえて使用してみることにした。「世界暦年」の方が内容を想定しやすいには違いなかろうが、あえて馴染みの薄い「世齢」を使用してみたのは、日本語の語感として、これがどこまで通用するか試してみようという実験心からである。Die Weltalter の邦題として採択してみた「世齢」という語は、日本語として馴染み深い「樹齢」からの連想に由来している。周知のとおり、「樹齢」に当たるドイツ語が Baumalter なのだから、筆者は、こうした連想から「世齢」という語も使用可能なのではなかろうかと考える。「樹齢」という語が木々、とりわけ大木が悠久の歴史を経て成ったものであることを、大木の年輪が「樹齢」として示していることを念頭に置きつつ、シェリングが『世齢』草稿（第一稿）の本論冒頭部分で挙げている「砂粒」の例に着目して言えば、そこでは、「砂粒」はそれがどれほど小さかろうと大地の悠久の歴史、時間経過を内に湛えていることが指摘されており（WA I, 23）、これは、「われわれを取り巻く万物は信じがたいほど遥かな過去に立ち帰るようわれわれを促している」（WA I, 21）という一般命題、普遍的主張に対する実例として挙げられているものである。

ちなみに、一八三二―三三年冬学期と一八三三年夏学期にミュンヘン大学で講義された『積極的哲学の基礎づけ』中に登場するコメントでは、die Weltalterという語はdie Weltzeitenという語と同義に用いられており、かつこれらは「永遠の諸時間」を意味するギリシア語*χρόνοι αἰώνοι*のドイツ語訳にほかならず、[26]この語は実は新約聖書のパウロ書簡（「ローマ人への手紙」第一六章二五節）からの借用にほかならなかった。パウロ書簡の該当箇所について『啓示の哲学』講義では次のように言及されることになる。「弟子パウロは長年にわたり（seit Weltzeiten）秘匿されてきた神の計画について語っている」（XIV, 11）というように。[27]このように、die Weltalterがdie Weltzeiten同様、「永遠の諸時間」*χρόνοι αἰώνοι*に由来するドイツ語である点に鑑みても、die Weltalterに「世齢」という語を当てることは妥当なのではあるまいか。この邦語はdie Weltalterが含意している「悠久の過去」——上に確認したとおり、これに遡及し、その「発展史」を記述することが件の*Weltalter*-Projekt『世齢』プロジェクトの根本課題にほかならなかっただけに一層。

なお、すでに指摘した事実を若干の補足を交えつつ復唱すれば、『世齢』草稿の起稿は一八一〇年末のことであり、[28]翌年一月末には出版社主コッタ宛てに「何年も前から内々に草してきた一つの著作がイースターまでには発表されるであろう」[29]と伝えられながら、実現に至らず、推定では最長一八二一年に至るまで手が加えられ続けた積年の努力の賜物、わが「愛の子」と称されたほど愛着を寄せられた労作にもかかわらず、『世齢』はついに著作として世に出ることのなかった遺作である。[30]これに対し、「世齢への付録」という副題が付された一八一五年のアカデミー講演テクスト『サモトラケーの神々について』は公刊されている。しかも、これがシェリング生存中に公刊された最後の書となったものでもある。

にもかかわらず、当講演およびそのテクストについて考察の対象とされることはきわめて稀である。[31] ここに主題として取り上げる所以である。

三　サモトラケーの神々とカベイロイの密儀

シェリングは一八〇七年一〇月一二日にミュンヘンのバイエルン学術アカデミーで、『造形芸術と自然との関係について』と題した講演を行っており、同年に講演テクストも公刊されていた。[32] 以下、本節以降で主題として取り上げる『サモトラケーの神々について』と題された講演はその八年後（一八一五年）、同日同所で、同じくバイエルン王マキシミリアンの聖名祝日を記念して行われたものである。[33] その狙いとするところは、古代世界の様々な神話に登場する神々の名の語義詮索[34]を通して、人類が抱く神観のいわば「原型」を探り当てようという点にあった。ここに「原型」とは、結論的に言えば、詩的で多神論的な神話に一神論的真理が含まれているという「神話の宗教的次元」[35]、もしくは「神話の真理」[36]としての一神論に相当する。

ところで、すでに何度も触れたとおり、当講演テクストには「世齢への付録」という副題が付されていた。『世齢』草稿での課題は、先に見たとおり（本章第二節）、「原存在者の発展史を記述する」点にあった。これが人類史の太古に遡及する試みだったという点で、またそれゆえ叙事詩への言及も見られる点等々でも、そこにある程度まで件のアカデミー講演との関連が認められはするが、一方が独特の歴史哲学にして宗教哲学構築の試みであったのに対して、他方が独特の神話論の試みであるという点で、両者はかなり異なっている。シェリングによって議論の中心に据えられる先行説が、一方ではヤーコプ・ベーメの神智学であったのに対して、他方ではクロイツァーの神話仮説およびそこから導き出された諸説だという点でも同じく両者は異なりを見せている。クロイツァーはかの大著『古代諸民族とりわけギリシア人の象徴表現と神話』*Symbolik und Mythologie der alten Völker, bosonders der Griechen*, 1810–12において、「神話的多神論は全人類に与えられた啓示の原型の歪曲である」(37)という仮説に立ちつつ、様々な民族の神話的諸表象が多岐にわたるものであるにもかかわらず、それらが並行的に推移するのはなぜかという神話問題への解答を試みたのだったが、(38)以下に見て行くように、シェリングもアカデミー講演で、こうした仮説に促されつつ、神話的多神論の背後に一神論の「原型」を探り当てようと試みる。そうして、こうした試みの果てに、すなわち課題解決の決定的な局面において、彼はクロイツァー説の一つと批判的に対決するに至る。

ともあれ、講演前のみならず、講演後も続行される『世齢』プロジェクトのために費やされた飽くなき努力もさることながら、早くから公刊が準備されたそれへの「付録」すなわち当講演に向けたテクスト作成に対する熱意にも並々ならぬものがあり、(39)それには本文の倍の量に匹敵する詳細な注記が加えられていた。考察の手始めとして、加えられた注記にも目配せしつつ、まずは講演の冒頭部分を引用しよう(引用文中、丸括弧部分は注番号)。

エーゲ海の北方にサモトラケー島が突き出ている。この島は最初サモスと呼ばれていたようなのだが、イオーニアの島と区別して、トラーキア地方の近くにあるためにトラーキアの島と呼ばれた(1)。[40]

(VIII, 347)

一八一五年のアカデミー講演は、これを第一声に口火が切られる。ここに「突き出ている」とあるのはサモトラケー島[41]が森林で蔽われた山また山の島であることにちなんでのことなのだが、シェリングが講演冒頭でこのような表現を用いたのは、これに続けて、これにまつわる故事――『イーリアス』(XIII, 12-14)[42]で謡われている周知の一事――に触れるためである。

森林に蔽われ、人跡未踏に近い島は連なる山並みから成っている。その最高峰から、トロイアー戦中、ポセイドーンがイーダーの全連山、プリアモスの都城、ギリシア人の船陣を見渡している(7)。[43]

(ebd.)

「ポセイドーン」を含め、いわゆる「ギリシア神話」の神々が英雄達と織りなす、ギリシア軍勢によるトロイアー(別名イーリオン)攻略の歌(『イーリアス(イーリオンの歌)』)の舞台がミュケーナイ時代の紀元前十三世紀あたりにまで遡れることが、今日の線文字Bの発見(一九三九年)とその解読(一九五二年)によって判明しているが[44]、こうした新知見は、十九世紀初頭に古代ギリシアの神々の名の語義詮索を試みたシェリングのむろん関知せぬところながら、この時期シェリングが自身の試みのために活用した古文書は多数に上っている。これらの中からまずはヘロドトスの『歴史』に眼を向けるとしよう。[45] 当歴史家自身の弁によれば、ホメロス、それにヘシオドスは彼にとっては「四百年前の人達」(II, 53) なのだが、ここで強調しておくべきことは、ペルシア戦記として有名なヘロドトスの史書には古代世界の地誌的情報が満載されていることである。そうしてそれらが貴重なのは、時に彼自身現場に赴き、問題の地を実見した成果や、実見叶わぬ場合には各地の人々の伝聞収集から成っており、それらが古代世界を知るための貴重な史料の一つとなっているからである。こうしたいわばフィールドワークに基づいてなされた史料中の一報告によれば、「ディオニューソスのみならず、ほとんどすべての神名はエジプトからギリシアに入ったものである」(II, 50)。いやそれどころか、「いろんな風習がエジプトからギリシアに入ってきている」(II, 58)。こうした諸報告中、ギリシア民族の発展に関してヘロドトスが強調するのは「多くの非ギリシア系民族、とりわけ多くのペラスゴイ人達の流入」(I, 58) なのだが、そこでシェリングによって注視されるのが「カベイロイの密儀」(VIII, 348) である。ちなみに、これをギリシア人に伝えたのもペラスゴイ人にほかならなかった。ヘロドトスが言うには、「ペラスゴイ人達は以前サモトラケーに住んでいて、サモトラケー人は彼らから密儀を学んだ」(II, 51) のだそうである。シェリングもヘロドトスの伝えるこうした一連の報告を念頭に置きつつ、講演中「デーメーテール、ディオニューソス、ヘルメース、それにゼウスさえ、カベイロイ (Kabiren「Κάβειροι」) として崇拝されたことをわれわれは知っている」(VIII, 349) と、ギリシア人に馴染みの神名がペラスゴイ人経由のものであることを指摘し、その上で、「サモトラケーの神々」の名が意味するところや、その宗教的意味を問う。そこで自身の立てた問いに答えるために彼が最初に注目するのが、サモトラケーの神々、それらの内でも特にある歴史記述家（ムナセアス）が特筆する三柱の神々「アクシエロス、アクシオケルサ、アクシオケルソス」(ebd.)なのだが、当歴史記述家の弁によれば、サモトラケーの三柱の神々はそれぞれデーメーテール、ペルセフォネー、ハーデースに相当するのだそうである(ebd.)。(46)

周知のとおり、女神デーメーテールは豊穣の地母神で、ゼウスと交わり、娘ペルセフォネーを産んだが、愛娘を、彼女に懸想した冥界の王ハーデースに誘拐され、これに怒ったデーメーテールは天界を捨て、地界に下り、愛娘を求めて世界を経巡り、その末に落ち着いた先がアッティカのエレウシースだった。そこで励行されることになったのがデーメーテールとペルセフォネーを祀る、かのエレウシースの密儀にほかならない。

ヘロドトスも指摘するとおり、「ギリシア人のために神の系譜を立て、神々の称号を定め、その権能を配分し、神々の姿を描いてみせてくれたのはかの二人〔ヘシオドスとホメロス〕」(II. 53)には違いないが、シェリングが今回の講演で問題とするのは、以前の『体系綱領』（一七九七年）や『超越論的観念論の体系』（一八〇〇年）や『芸術哲学』講義（一八〇二―〇三年、一八〇四―〇五年）のように、「詩としての神話」、「神話（詩）と哲学との対像と原像の関係としての一体性」ではなく、すでに指摘したとおり、「神話の宗教的次元」もしくは「神話の真理」にほかならなかった。(47)このためにこそ、彼はまずヘロドトス(III. 37)の伝える「フェニキア人達の守護神」(VIII. 351)としての意味合いや、(48)地中海を通商のために航行した「彼らの神々や諸々の聖物もギリシアの海岸、信仰に移植された」（VIII, 350）という報告に注目する。しかも興味深いことには、そこにはギリシア語とフェニキア語という「両言語の疑う余地なき一様性」（VIII, 351）という言語連関の問題まで含まれていた。今日の知見を引き合いに出して言えば、古代のギリシア語はフェニキア語を元にまさしくホメロス叙事詩が文字言語として形成される過程で確立したものにほかならなかった。[49] 少年時よりポリグロットだったシェリングが言語問題に無関心なはずは毛頭なく、[50] ここでも彼は自身のそうした能力を活かしつつ、神名の語義解明に向かう。彼が取り上げるのは「サモトラケーの神々」の三柱の神名のうち「最初の名アクシエロス」の意味である。この名は「フェニキア方言ではおそらく飢餓、欠乏、さらには渇望、欲求を意味するものにほかなかろう」（ebd.）と彼は推測する。[51] このような推測を踏まえ、講演中、シェリングは以下にように自由に彼流の神名の語義詮索を展開する。

四　「太古の教義」——ヘラクレイトス説とヘスティアー信仰

彼はまず、こうした語義を有すると彼の推定する「最初の神の名」から、プラトン（『饗宴』203B–C）の「ペニアー〔貧窮の女神 πενία〕」に思いを馳せる。この女神は、彼の語るとおり、「過剰〔富裕の神ポロス πόρος〕と結婚してエロース〔愛の神 ἔρως〕の母となる」（VIII, 352）。ここからさらにシェリングはプラトンによるこのような語りが素材として用いたであろうと推測される、「かの太古の教義」に関心を

寄せる。シェリングが解説して言うには、

それによれば、エロース（Eros〔ἔρως〕）は虚空（Weltey）に由来するが、虚空に先立って卵を産む夜がある。というのも、夜が万物の本性全体の中で最古だというのが全民族の教えだったからである。（ebd.）

周知のとおり、ヘシオドス（『神統記』）のコスモゴニアー（宇宙創成神話）では、一方で「エロース」Ἔρωςは「大地」Γαῖαとともに「カオス」Χάοςから生じたとされているし、他方で「夜」Νύξは「冥暗」Ἔρεβοςとともに「カオス」Χάοςから生じたとされているから（v. 116-123）[52]、シェリングが言及する「夜が万物中最古だ」という説はヘシオドス説と異なったものということになるが、こうした異説は、興味深いことに、管見のかぎりでは後年の喜劇（アリストファネスの『鳥』前四一四年）に伝統的コスモゴニアーのパロディとして登場して来る。「夜が翼あるエロースを孵化させる卵を産む」というように[53]。してみると、「かの太古の教義」に関するシェリングの解説はヘシオドス叙事詩とアリストファネス喜劇からの折衷説のように見えなくもないが、シェリングがここで「かの太古の教義」として解説している教義は、彼のこの箇所に付した注記によれば、別のルーツに由来しているようである[54]。

ともあれ、シェリングがここで身を委ねている連想では、「夜が闇でもなく、光に敵対的でもなく、光を待ち焦がれるもの」（VIII, 352）という「夜」に対する独特の理解から、「火」のイメージが浮かび上ってくる。彼曰く。

太古の教義によれば、火は最内奥にして最古なり、火力によりて初めて万有が世に駆り立てられる。

（VIII, 352）

またしても「太古の教義」と言われている説がder uralte Lehrsatzである。ここに「太古の教義」と言われている説がわれわれに馴染みのいわゆる「前ソクラテス期」のものだとすれば、われわれの念頭に真っ先に浮かぶのは、かのヘラクレイトス説であろう。それは、宇宙の森羅万象が「火」によって統べられていると説くものだからである。もっとも、今日われわれが手にすることのできる断片を見るかぎりでは、ヘラクレイトスが説いているのは「火」による世界創生・宇宙生成であるよりはむしろ「世界・宇宙」ならびに「火」ともども、それらの永遠性であり、森羅万象の永遠の交替にほかならない。けだし、かの注目すべき断片（Fr. 30）で言われているのは「万物の同一物たる、この宇宙を神々や人々の誰かが創作したのではなく、宇宙は適度に燃え適度に消えつつ、永遠に生き続ける火 πῦρ ἀείζωον として常にあったし、今もあり、これからもあろう」からであり、また他の同じく注目すべき断片（Fr. 31）で言われているのは「火が転化してまず海となり、海の半分が大地、他の半分が熱風となる」ということだからである。[55]これら二つの断片――諸断片中、「火」にまつわるヘラクレイトス説の核をなすと思われる二つの断片――で主張されているのは、ヘシオドス叙事詩的な世界・宇宙の創生、生成論、コスモゴニアーではなく、世界に始まりも終わりも想定しない世界の永遠説――自然学的、自然哲学的に言い換えれば、質料の永久転換・永久交替によるコスモス総体の一定説（いわば「エネルギーの恒存説」）としてのコスモロギアーなのではなかろうか[56]。興味深いことに、アリストテレスは諸説の中にヘラクレイトス説を適切に位置づけている。「ところで〔天が〕生成したというのは万人〔とりわけヘシオドス説やプラトン説のように〕の認めるところだが、ある人々は生成したが永遠だとし、ある人々は自然によって創作された他のもの同様、消滅するとする。また他の人々はアクラガスのエンペドクレスやエフェソスのヘラクレイトスのように……交互に生成消滅し、これがこのように永遠に続くとする」（*De cael.*, A 10, 279b12）というように。

ともあれ、筆者のヘラクレイトス説理解が正しければ、シェリングの主張と前掲両断片でのヘラクレイトス説との間には看過できないずれ、溝があると言わざるをえなくなろう。ところが、シェリングの書き遺したテクスト連関を顧慮するならば、講演での先の主張はヘラクレイトス説の彼なりの復唱と見なしうる可能性が浮上してくる。講演に三年先立つ『世齢』第三草稿（一八一四―一五年）に次の文言が書き留められていたからである。

永遠に対立が産み出されるが、それは再び統一によって平らげるためである。……これぞフェステFeste（ヘスティアー *ἑστία*）であり、不断に自己自身を燃やし、灰から再び新たに若返る生命の竈である。またこれは倦むことなき火 *ἀκάματον πῦρ* であり、ヘラクレイトスの主張するとおり、この火気によって万物は創造された。（WA III, 230）

このように講演に先立つ草稿の文言を視野に収めると、講演の発言内容がヘラクレイトス説の復唱となっていることが確認できる。ここで、先ほど筆者の提起した両説のずれ、溝問題にコメントを加えておけば、われわれの容易に手にしうるディールス・クランツ編の『前ソクラテス断片集』は二十世紀に入って出版され版を重ねたものゆえ、シェリングがこれを手にしたことはありえず、彼が手にしうるとすれば、それはディールスやクランツも典拠としたいわゆる「前ソクラテス」期の哲人達の説を直接伝える文書そのものであろうから、この場合はアレクサンドリアのクレメンスの『雑録集』ということになろう。これを確認するために、シェリングが講演原稿に付した注記に眼を向けるとすると、先の引用文言箇所とは別の箇所に対する注記（注64）中に、これを確認できる。そこで「太古の教説」と称しつつ、シェリングはクレメンスの『雑録集』から、次のように原文を引用した後に自身の独訳を付している。

“*Κόσμος—πῦρ ἀείζωον, ἀπτόμενον μέτρα* (Euseb. *μέτρῳ*) *καὶ ἀποσβενύμενον μέτρα*” Heracl. Ap. Clem. Alex. Strom. V. V. p. 711 ed. Pottos.「世界は永遠に生き続ける火であり、これは合間合間に（私は*κατά*に代えて*μέτα*と解する）燃やされ、消される。」（VIII. 391）

さらに興味深いことには、こうした引用、翻訳に続けて、シェリングは、「火」を「一つの力」と解し、それが「自然の最初の開闢者」に相当するというヘラクレイトス説に対する彼の解釈を記している。

引用しておこう。

> 〔これは〕つまり一つの力である。これは火を点け（それすなわちケレースであり、イーシスであり、ペルセフォネーであり、さもなければ第一の自然と名づけられるようなものである）、また火を消し……沈下させる力であり、これによって自然の穏和な生命、柔らかな肉体を切り開く自然の最初の開闢者となる。これぞ、オシーリスもしくはディオニューソスである。*Τοῦ πυρὸς κατασβεννυμένου κοσμοποιεῖθαι τὰ πάντα*〔そうして消す火によって万物は秩序づけられる〕とヘラクレイトスとヒッパソスは言ったのであり（プルタルコス）、それゆえ、ディオニューソスもデーミウルゴス（創造神）であった。（ebd.）

ギリシアの神々をエジプトの神々に対応させるという講演でのシェリングの常套的な神名の扱いについては、ここでは立ち入らないことにし、「火」に関するヘラクレイトス説解釈がシェリングの場合どのようなものであったか、コスモロギー（宇宙論）としてのそれなのか、それともコスモゴニアー（宇宙生成論）としてのそれなのか、という問題について見ておけば、右の引用に明らかなとおり、シェリングは後者の立場に立っている。少々回り道をしすぎたかもしれないが、話を元へ戻すと、ここでわれわれが次に取り上げるべき論点は、シェリングが講演で試みている発想、連想とそれが行き着く先、その行方である。講演で、彼はわれわれが先に引用した文言、発言に続けて、『世齢』第三草稿でも自身言及していた「ヘスティアー」について語り出している。先に引用した発言を再度引用しつつ、それに続く「ヘスティアー」話に注目しよう。

太古の教義によれば、火は最内奥にして最古なり、火力によりて初めて万有が世に駆り立てられる。それゆえ、ヘスティアー Hestia（ἑστία）も万物の最古のものとして崇拝されたし、最古の神性、ケレースとペルセフォネーなる概念がヘスティアーの概念と混合された。

（VIII, 352）

見られるとおり、シェリングによるヘラクレイトス説への言及は、彼が講演で試みている神名の語義詮索の一つとしての「ヘスティアー」にまつわる神名論を展開するためのものであり、その際まずはヘラクレイトス説が「ヘスティアー」信仰と結び付けられている。ちなみに、古代ギリシアにおいては「ヘスティアー」は「竈の女神」として市民生活の中心に据えられていた。バーゼル大学の若き古典文献学教授も『ギリシア人の祭祀』講義（一八七五―七六年）で講ずるとおり、市民達の家の中心「男子の間」には「ヘスティアーの円形の祭壇」が据えられ、そこで家長が「饗宴」を開き、「犠牲を屠殺し食した」のだった。「日ごと食事の際にはお神酒が捧げられた。ゼウス、ヘーファイストス、ニンフー、ポセイドーンなどが竈の傍らの神々 *θεοὶ ἐφέστιοι* としてこの聖所を分かちあった。奴隷でさえ、誕生から死に至るまで節目節目に「この聖所の神々への礼拝が求められた。また女神ヘスティアーの祭壇は〔異邦人達にとっては〕避難所 *ἄσυλον* でもあった」（Nietzsche II-5, 404）。同講義でさらに講釈されているとおり、「ヘスティアー」は市民の家の中心に据えられたばかりか、アテーナイでは、ポリス共同体、とりわけポリスアテーナイにおける中心にも据えられることになる。アテーナイ王「テーセウスが、ポリスの竈を定礎した」からである。以来、「アテーナイでは真なる共同居住を記念したシュノイキア祭が祝われた」。アテーナイがアッティカ「統治の中心地」となったのはこのためである（Nietzsche II-5, 406）[57]。このように竈の女神ヘスティアーは私的な家庭生活ならびに公的なポリス生活の中心をなし、市民生活の万端、生命維持、共同体維持の中心をなすものとなっただけに、勢い万物を産み育む女神、地母神デーメーテールと同等視されることにもなった。先に引用したシェリング講演の一節に「ケレース」（VIII, 353）とあるのは「デーメーテール」のラテン語名（ローマ神話名）にほかならない。すでに記したとおり、「デーメーテール」とその娘「ペルセフォネー」を祀る密儀が行われたのもアッティカはアテーナイの西方エレウシースであった。

以上は今日のわれわれにとっては周知の事柄に属する。問題はシェリングが行っているようにヘラクレイトス説とヘスティアー信仰とを単純に結び付けることができるか否かである。ここで小田切健太郎が注目している後一世紀のストア派の哲学者コルヌトゥス説に眼を向けるとしよう。同氏も指摘するとおり、それが疑いなくシェリングによる両者の同等視の先蹤となっているからである。それによれば、「昔の人々は大地をヘスティアーともデーメーテールとも呼んだ」のだが、それは両者が万物を育て養うためであり、「永遠に生き続ける火 ἀείζωον πῦρ はヘスティアーに属している。なぜなら彼女自身がその火であるように見えるからである」[58]。ここに記されている「永遠に生き続ける火」という語がアレクサンドリアのクレメンスの伝えるヘラクレイトスの「火」（われわれにも馴染みの断片30でのそれ）に相当するものであろうことは疑いない。ただ小田切が主張するように「コルヌトゥスに見られるように、コスモスの中心・大地の内奥でその活動原理として生き続けるヘラクレイトスの火は、初期ギリシア以来の精神史的文脈を踏まえるなら、おのずとヘスティアーとの結びつきにおいて理解されるものなのである[59]」とまで言えるかどうか――これは問題である。この点を吟味するために、氏のさらなる主張を確認しておこう。シェリングも「コルヌトゥスと同様におのずからヘスティアーの火とヘラクレイトスの火を結びつけていることになる[60]」という指摘に続けて、氏は古典文献学者メルケルバッハの次のコメントを引用する。

わたしは、当然、ヘラクレイトス哲学をヘスティアー信仰から導き出しうると主張しようというのではない。しかしながら、つねに、ひとはそれでも、〈女神ヘスティアーと、竈の火の祭祀が結びつく宗教的イメージには、そこから出発してヘラクレイトスが彼の思想を定式化できたような幾つもの糸口がふくまれているのだ〉、ということができる[61]。

さすが古典文献学者だけに自身の主張を幾重にも慎重な留保を加えつつ行っている。筆者は彼の主張よりはむしろ彼がその際に加えている留保の方に注目したい。ここで私見を復唱すれば、ヘラクレイトスの断片30および断片31は世界創生・宇宙生成を説くものではなく、さらに強調して言えば、むしろこれを拒否するもの、宇宙論としての自然哲学説となっていよう。彼の説、自然哲学は、この点で、ヘシオドス的な宇宙生成説のみならず、内容的に後年のキリスト教的な世界創造説（ならびに終末論）に背を向けるものともなっていよう。「わたしは、当然、ヘラクレイトス哲学をヘスティアー信仰から導き出しうると主張しようというのではない」というメルケルバッハの慎重な発言は、おそらく筆者の注目したヘラクレイトス断片の自然哲学的内容、含意を意識してのものであろう。にもかかわらず、また「糸口」という慎重な言い方を交えつつも、彼は古典文献学者としての領分を越えて、ヘラクレイトス説とヘスティアー信仰との繋がりを推測するに至っている。確かにこうした推測を行いたくなる衝動には抑えがたいものがあり、筆者もこうした推測に同調するにやぶさかではないものの、筆者はあえて「ヘラクレイトス哲学はヘスティアー信仰に直結するものでない」という彼の古典文献学的見地の方を尊重したい。それが単に学問的に厳密な見解だというような理由からではなく、シェリングが講演で目指したものが、すでに指摘したとおり、「神話の宗教的次元」の解明だったからである。筆者の見るかぎり、件のヘラクレイトス断片に神話的な要素は皆無であり、そこには彼の純粋な自然学的、自然哲学的見解、より端的に言えば、自然緒現象に見られる「変化の論理的吟味」[62]が盛り込まれている。そこではむしろ脱神話化が断行されていると言ってよいかもしれない。これに対し、ヘスティアー信仰は神話そのものである。それゆえ、両者を直結させることは、いわば水と油を混ぜ合わせる類の暴挙にほかならない。にもかかわらず、コルヌトゥスも、シェリングもこれを敢行している。筆者に言わせれば、両者は決して直結できるものではなく、せいぜいメルケルバッハのように幾重にも留保を加えた上での憶測でしかなかろう。

五 「憧憬」としての万物創造の始まり

シェリングに戻って言えば、先に注目したシェリング講演の一連の議論は、サモトラケーの神名「アクシエロス」のフェニキア方言として持つ「飢餓」や「渇望」という含意から自由な連想を働かせて、プラトンの「ペニアー」や「エロース」に飛び、さらにオリエント神話の「夜」概念を介して、そこからヘラクレイトスの火とヘスティアーの火に辿り着く、こういうものだった。ここでの彼のさしあたっての意図は、サモトラケーの神名「アクシエロス」の含意紹介を皮切りに、話題をヘスティアー信仰に繋げて行くことにあり、それまでの議論は、講演、談話というスタイルに即した連想の連鎖の開陳となっていた。ともあれ、シェリングがヘスティアー信仰を持ち出す際に依拠したのは、たとえばピンダロス（Nem. XI, 7）によるヘスティアー言及やソフォクレス悲劇の一断片の供物としての神酒台詞等である。前者では「ヘスティアー」は「神々の最初の神」*πρῶτον θεῶν*と名づけられたとされているし、後者では、「おお、神酒のそもそもの始まりよ」*ὦ πρῶρα*（*πρῶτα*）*λοιβῆς Ἡεσία*と呼びかけられているが、さらにこれはキケロ『神々の本性について』中の竈発言やアリストファネス『蜂』（842）への古注に比定される。前者では、「竈で沸騰される水」、「これは本性上それ自身熱であり、これがあらゆる他の元素に生命熱 vitalem calorium を供給する」（de n. D. II, 27）と言われているし、後者では「協議ではまず最初から *ἀφ᾽ Ἡεσίας* 始められる」（Schol. Aristoph. Vesp. 842）と言われている。いずれにせよ、種々の典拠に依拠しつつ、「ヘスティアーに……まず初めに捧げものとして神酒が注がれたという、このことが、まず初めに *ἀφ᾽ Ἑστίας* という語り方が示しているように、ヘスティアーの概念が最古の自然概念と混合されたことを示唆している」(VIII, 379, Anm. 34) というのが、注記にシェリングが記した結語である。それでは、本論でのヘスティアー信仰への結合発言、すなわち、「それゆえ、ヘスティアー (Hestia〔*ἑστία*〕) も万物の最古のものとして崇拝されたし、最古の神性、ケレースとペルセフォネーなる概念がヘスティアーの概念と混同された」(VIII, 352) という発言に続く発言はどういうものだったのだろうか。それを見れば、それがそれまでの一連の議論の結論となっていることが明らかになろう。さて、その結論とは、

> これら多くの名を持つものの女性的性質、最初の自然本性のあらゆる名が、不明瞭であれ明瞭であれ、憧憬だとか、やむにやまれぬ願望だとかを暗示しているように、とりわけ、古代の歴史記述家がサモトラケーの最初の神性をそれと見なしているケレースの本質は憧憬に帰着する。 (ebd.)

一八一五年のアカデミー講演『サモトラケーの神々について』の一角の際立った特徴は、繰り返し万物創造の始まりが「憧憬」にあるとことが語り出され、強調されている点にある。そうして、この同じ思想が、当講演では、それに先立つ『世齢』草稿[63]で提示された、神話的語りを交えつつ持前の哲学的存在論と意志形而上学の双方を駆使した時間の形而上学をすべて背後に退け、万物創造にかかわる神名の

語義詮索、言語比較に限定して語られる。その途上で当然のことながら、コスモゴニアーにも眼が向けられるが、講演でのテーマ設定に即して、それはフェニキアにおけるコスモゴニアーにほかならなかった。シェリングが注目するそれに関するフェニキアの断片の一つによれば、

まず初めに暗い気の息吹と混濁したカオスとがあった。これらはみなそれぞれ際限がなかったが、それぞれ自身の原初に愛の精神が燃え上がり融合（Zusammenziehung）が起きた。こうして出来した紐帯が憧憬と呼ばれ、これが万物創造の始まりであった。（VIII, 354）

ここで一つ注目すべきことは、引用文言中に「融合」Zusammenziehungという語が登場していることである。この箇所に対して、この語は、「*Σύγκρασις*が混合Mischungと翻訳されたように、容易に誤った概念を誘発するために、私はこれを二つの母音が圧縮される意味での融合として翻訳した」（VIII, 381, Anm. 45）という注記が付されている。この語Zusammenziehungは、周知のとおり、講演に先立つ『世齢』草稿では、そこで記述される「原存在者の発展史」（WA I, 31）のキーワードとなっていた。繰り返し持ち出され頻出するこの語の第一草稿での初出箇所とそれに続く若干の箇所にしばし言及しておけば、そこではこの語は「一切の始まり」（ebd.）を引き起こす意志の本性を特徴づけるものとして用いられていた。世界創造以前すなわち「前世界的過去」（WA I, 21）における意志を想定するとすれば、そこでは「存在」が「無」同然であるように、意志も「無」同然の「何も欲しない意志」であるほ

かない（WA I, 26f.）[64]。これでは何も始まらない。そこで何かが始まるための機縁として、シェリングは「存在」それ自身が抱えているある傾向――これを彼はベーメに倣い、「とげ」と呼ぶのだが（WA I, 26）――を持ち出す。「全存在は自身の啓示、そのかぎりで発展に向かう」（ebd.）というわけである。そこに想定されるのが「何かを欲する意志」、「現存への意志」Wille zur Existenzという「別の意志」、「第二の意志」にほかならず（WA I, 33）、その「本性」として登場するのが先（本章第二節）に引用した「制限し、収縮し（zusammenziehend）、否定する本性」（WA I, 34）にほかならない。ちなみに、両意志の関係および「収縮」概念が第一草稿中最も簡潔に表現されている箇所を以下に引用しておけば、次のとおりである。

> 何も欲しない意志の内では分離も主客もなく、最高の純真無垢があった。だが、現存への意志である収縮する意志が純真無垢の中で両者を分かつ。（WA I, 39）
>
> 全発展は包み込みを前提している。……牽引の内に始まりはある。全存在は収縮（Contraktion）であり、収縮する根源力は自然の本来的な起源力にして根本力である。（WA I, 43）

『世齢』草稿中頻繁に持ち出される「収縮」概念がカバラリスト、ルーリアの説く比喩「ツィムツーム」に淵源することは夙に知られているとおりである。それは神による世界創造に際する「神の自己収縮」を唱えるものであり、これは、世界創造の余地がそれによって発生する世界創生の機縁をなすものにほかならなかった。[65] ともあれ、シェリングはこうしたユダヤ神秘思想をも含めた古の諸説[66]を援用しつつ、これを自身の自然哲学や意志形而上学に接続する。上で「収縮」を「根源力」とも「意志」とも合体させて用いているのが、それらに関連した彼の記述の際立った特徴の一つである。

ここで講演での論説と草稿での議論との際立った相違を確認するために、講演論説中、目下注目しているフェニキアのコスモゴニアーにおける万物創造の機縁としての「愛の精神」と関連した草稿での議論を見ておこう。むろん草稿にも「愛」概念を用いた創造論が綴られていた。「ただ愛から全力が出来し、愛なくんば収縮する意志は創造し作用する意志になりえない」（WA I, 40）というように。しかしながら、神であれ人間であれ、内面に葛藤を抱えており、それが「愛」と「怒り」であり、先（本章第二節）に予告した「愛と怒りの弁証法」は両者の葛藤として語られる。

〔一方で、原初の純粋性における最初の〕作用する意志は一重の存在者でなく、愛と怒りに揺り動かされる二重の存在者である。この意志が自己の内に愛を感じ、愛の意志となるかぎり、この意志に〔主客〕分離への要求が生ずる。……〔他方で〕現存する意志はこの別の意志から離れられない。というのも、現存する意志自身の現実は別の意志が両意志の中心をなすことに基づいているからである。そこで現存する意志自身の内に葛藤つまり拡張と収縮の交替が生ずる。この意志を、愛が分離へと駆り立て、それ固有の意志が牽引へと駆り立てるからである。（WA I, 63）

ここでは「拡張」に対しては「愛」が対応し、「収縮」に対しては「怒り」が対応しているように見える。然り。他の箇所にも、神の「自己性／我執の力」は、端的に言えば「致命的な収縮」として、「被造物に対しては否定し焼き尽くす火であり、被造物を愛が守らねば何一つ許さぬ永遠の怒りである」（WA I, 35）とあるとおりである。[67] 見られるとおり、「至高の存在者」である神にあって、「収縮」は、一方で「愛」の発露である世界創造に向けての初動の作用であると同時に、他方で「自己に閉じ籠もり、他者を排除する」動向としては「怒り」なのであり、ここにわれわれは、『世齢』草稿では「収縮」概念は二義性、両義性の下で用いられていることが確認できる。ここで、これを先に注目したフェニキアのコスモゴニアーと比較してみると、そこで唱えられていた「万物創造」に向けた「愛の燃え上がり」と、草稿で「収縮」の一面として強調されている旧約聖書的な「怒りの神」における燃え上がり、「焼き尽くす火」とは真逆の関係にあることになろう。今その一端を見ただけでも様々な議論が錯綜する『世齢』草稿での「収縮」をめぐる議論が、講演の先に引用したフェニキアのコスモゴニアー紹介箇所では一切素通りされて、「憧憬」という側面のみに関心が寄せられていることが分かる。これが『世齢』草稿での議論とアカデミー講演での論説との大きな相違の一つである。

六　「多神崇拝」の「紐帯」としてのカベイロイの密儀——『神話の哲学』講義への道

ここで『世齢』草稿から離れ、講演テクストに戻るとすれば、件のフェニキアのコスモゴニアー紹介に続く議論は、そこに見られた「憧憬観がサモトラケー的なものだったか否か」という問題をめぐるものである。こうした疑問に対する解答としてシェリングが持ち出してくるのは、プリニウス（『博物誌』）のスコパース彫像に関する一記述である。シェリングの解説によれば、プリニウスはそれに関して「ウェーヌース、パエトンすなわち憧憬それにポトスの名を挙げ、これらは神性なのだが、それらはサモトラケーでは最も神聖な風習とともに崇拝される」（VIII, 354）と記していた。これに関連してシェリングが指摘するには、ここにも見られる憧憬観はギリシア神話にも、さらにはローマ神話にも共有されている。ローマ神話では、地母神デーメーテールは「ケレース」に相当し、竈の女神ヘスティアーは「ベスタ」（＝「ウェスタ」）に相当する（VIII, 354f.）というように。

シェリングの注目するさらなる共通点はと言えば、それは、ペルセフォネーをも含め、「すべての女性的な神性の基礎に魔力概念がある」（VIII, 356）ことである。興味深いことには、シェリングはこの指摘に続けて古いドイツの神話論（今日のわれわれにとっては北欧神話論）まで持ち出し、その上でサモトラケーの三柱の神々のうちアクシエロス以外の他の二柱に説き及ぶ。「古いドイツの神話が、予想以上に内的で、かのサモトラケー神話に似て、オーティン（＝オーディン）に〔美と愛と豊穣の女神〕フレイヤが配されているばかりか、両者に強力な魔力を賦与しているように、アクシオケルサとアクシオケルソスは魔力という共通概念によって合一されている」（ebd.）。講演でのシェリング通例の神名比較によれば、「第三の形態は実際にエジプト人にとってはオシーリスにほかならず、ギリシア人にとってはディオニューソス、ドイツ人にとってはオーティンだった」（ebd.）。一方、ペルセフォネーに相当するアクシオケルサはエジプトのイーシスに由来するとされている。「イーシス」がエジプト最高の女神であり、元来は穀物神でありながら、父の仇を討った後は冥界の王となる「オシーリス」の妻であることは周知のとおりだが、講演の弁によれば、サモトラケーの神々のうち、アクシオケルソスがアクシオケルサの夫だったか否か等の委細は不明とのことである。

これまでの考察では、われわれは講演での神名比較の実例として三柱の神々すなわちアクシエロス、アクシオケルソス、アクシオケルサに関する議論に注目してきたが、ここでシェリングが「第四形態」と位置づけるさらなる神名「カスミロス」——「通常カドミロスあるいはカミッルスとも呼ばれた」（VIII, 357）——に眼を向けるとしよう。この神名は大方の一致するところによれば、「奉仕する神」を意味し、これは「エトルリア-ローマのカミッルスの活動から明らかであろうとおり」である（ebd.）。あるいはそれは、カベイロイの神々と関連づければ、神々の総数は七もしくはこれに八つ目が加えられることもあるが[68]（VIII, 360）、オリュンポス十二神ならぬカベイロイ七神（もしくは八神）のうち、上級の神々と下級の神々との「中間者」——ギリシア神話では「ヘルメース」がそれに相当する——と見なされる（VIII, 357）。それはまた「サモトラケーの体系全体」では、「最初の三柱の神々にカドミロスが加[69]えられた」が、これは神名としては本来ならばオリエント経由の「カドミエル」と呼ばれるべきところ、に語末が「ロス」とギリシア語風に変容したものであった（VIII, 358）。その意味するところは、「オリエント的語法によれば、来るべき神の予言者にほかならない」（ebd.）。見てのとおり、ここまではクロイツァーのかの仮説に依拠した、種々の神名の系譜づけによる意味解説に留まっていたが、この先では、次のようにクロイツァーの一説を否定しつつ、シェリングの核心的な見解が披露される。すなわち、この神は、予言者であるがゆえに、「個々の人格性そのものの本性から、第一の人格、アクシエロスが神々、世界の統一、源泉として先頭に置かれたのでも、カベイロイ説一般におけるエジプト的意味での流出説が含まれているのでもない」というように、これらを肯定するクロイツァー説（VIII, 395, Anm. 74: Creuzer, Symb. und Myth. II. 333）を否定した上で[70]、自説を次のように強調する。

思慮深い探求者にとって自然な見解は、人間的なものの一切は可能なかぎり人間的に捉えられるべきだということであり、古代の神話説を探求する際に、神的本性の多性が神の一性という人間的に必然的で不可避の思想と合一されるであろう如き手段を探し求めることは、これまた自然である。

（VIII 358f.）

ここには、後年の『神話の哲学』講義での異教的な「多神論」Polytheismus に抗した「一神論」Monotheismus の必然性の弁証が、彼にとっては、それが「人間本性」に根差したものだという確信にあったことが明瞭に言い表されている。

アカデミー講演内にも「一神論」の語が一箇所登場するのだが、そこでは、それは「旧約聖書的でも新約聖書的でもなく、いわばかのマホメット的に命名さるべき一神論にほかならない」という独特のものとしてであり、そこで展開されるのは、「サモトラケー的観念と旧約聖書的観念との比較」である。

今見た独特の「かの一神論は……プラトンも喝采したヘラクレイトスの箴言――一賢者は唯一者を欲せず、ゼウスの名を欲する――に遍く反映されている古代全体、麗しき人間性に真っ向から抗う」ものである（VIII, 362）。「ゲルハルト・ホッシウスやボシャ等の見解によれば、異教は旧約聖書的な歴史、神の民へ下された啓示の理性化にほかならない」（VIII, 362）。こうした比較から、「ギリシアの多神崇拝はエジプトやインドの諸表象より高度な源泉にまで遡及できる」（VIII, 363）という指摘がなされもするが、これにはシェリングは同意しない。彼が言うには、「様々な神話論のどれ、エジプトやインド神話論、それともギリシアの神話論が源泉に接近して創造されているか」という問いに直面した場合、「偏見に囚われない探求者ならば、後者を採ったり決してしないであろう」（VIII, 363）。して、その理由はと言えば、この発言に続いてシェリングが行う理由説明が、後年の『神話の哲学』講義での、かの「一神論」の必然性の弁証の労苦に連なるであろう、いわば「神話の真理」の開陳となっている。

特にホメロスが詩作したギリシアの寓話、かの神々の物語では、それは無垢で子供じみた空想にすぎず、この空想はそれを復元させるべきでありながら、それによって多神が一神と化す紐帯を分解している。（ebd.）

後の『神話の哲学』講義での発言を念頭に置きつつ、これを敷衍すれば、異教の多神論はそのルーツとしての本来あるべき一神論から派生した歴史的産物にほかならず、講演での神話比較、神名比較があぶり出した真実は、ペラスゴイ人によってサモトラケーに伝えられた「カベイロイ密儀」には本来あるべき人間本性に根差した一神論に通ずるいわば「原型」が腹蔵されていたということであろう。この点を強調すべくシェリングは言う。

秘儀なりに本気で復元されたのは、詩作という戯れの中で分解された、かの紐帯にほかならなかった。(ebd.)

見られるとおり、ここでは明らかにシェリングが最も主張したい講演での根本テーゼが強調文体、強調話法で語られている。ここで強調されているのは、神話で謡われた多神論の背後には一神論的真理が潜んでいる、多神論的神話は一神論という深層の表層にすぎないという、いわば講演者の「神話の宗教的次元」への開眼、「神話の真理」理解の開陳である。

ここで、目下のところわれわれが触れることのできる後年の『神話の哲学』講義の一つ、一八三七年夏学期のミュンヘン大学での講義の一端に触れておこう。講義冒頭、シェリングは、神話の主観的意義と客観的意義に関する問い、およびその成立の仕方如何という三つの問いに言及し、まず「これら三つの問いを立てる者は神話が真理と考えられないことを前提している」と指摘し、ギリシア、インド、エジプト、さらにはフェニキア、バビロン、ヘブライといった古代世界の諸神話に対するわれわれの共通した理解が神話を「詩的創作」と見なし、そこに「真理」を認めないものだということを確認した上で、こうした通説に抗して、「神話が宗教的真理以外に、根本的見地に根差した本来的な真理を含んでいたこと」[71]を主張し、この主張を「現に存在する多神論は一神論を前提する」[72]という主張に結びつける。こうした主張を論証するのが『神話の哲学』講義の課題となるのだが、ここではその論証には立ち入らず、こうした課題への取り組みが一八二一年夏学期のエアランゲン大学での講義を皮切りに、ミュンヘン大学講義ではほぼ毎学期繰り返され、一八四五－四六年冬学期のベルリン大学での講義で終結するまで飽くことなく遂行されたのであり[73]、その起点となったものこそ、一八一五年一〇月一二日にバイエルンアカデミーで行われた講演『サモトラケーの神々について』での彼の神話解釈だったことを強調しておこう。しかもこれは、彼の哲学そのものに一大転換をもたらすきっかけとなったものでもある。

通常の時期区分に従えば、シェリングの後期哲学は一八二七－二八年冬学期のミュンヘン大学での講義『世齢の体系』*System der Weltalter*によって開始されたとされる。それは、そこで理性に従う論理的な「消極哲学」（これにはヘーゲル哲学ならびに自身の同一哲学が含まれる）に対して事実に従う歴史的な「積極哲学」が対置されたためである[74]。この点に関連させて言えば、シェリングは一八一五年のアカデミー講演ですでに後期哲学の核をなす「新しい積極性の概念に到達している」[75]。これすなわち、S・ペーツの定式化を借りて言えば、「存在が思惟の含意に収まるものではなく、思い及ばぬunvordenklich前提だ」[76]という理解、境地にシェリングが到達していたということである。このことの神話論的意味合いはと言えば、「神話が自律的反省的な主観性の産物ではなく、主観性の裁量不可能な基底を有する」[77]ということにあろう。周知のとおり、シェリングは若い頃、ヘルダリンらとともに、哲学の理念を民衆に伝えるために、「理念の感性化」としての「新しき神話の創生」を標榜していた[78]。これに対し、シェリングは今回のアカデミー講演では、まったく正反対の橋頭保を構築するに至っている。すなわち、彼にとって課題は「新しき神話の創生」ではなく、「逆に哲学の理念を既存の古い神話の中でそのまま哲学の理念として同化することによって、哲学の理念が歴史的なものとして有効に働いていることを証明すること[79]」にある。ペーツの定式化を借りつつ、これを要言すれば、シェリングは「理性の神話という構想を神話の理性という構想へと逆転させたのである[80]」。

シェリングのアカデミー講演『サモトラケーの神々について』は「カベイロイの密儀」（VIII, 348）への注目から開始された。シェリングは講演の終幕においてもそれに立ち返り、それが呪術的性格を濃厚に帯びたものであることを順々に説きながら、それらを次のように締めくくっている。これを最後に引用しておこう。

> 最深から最高の系列の中で前進する分解不可能な生命そのものの表出、不可視のもの、いやそれどころか超現実が啓示と現実のために用いられる普遍的魔術と全世界で常に持続している呪術の表出、これこそが、その最も深い意味で、聖なるものとして崇拝されたカベイロイの教義であった。
>
> （VIII, 368）

カベイロイの教義がどのようなベールで被われたにせよ、またどのような傾向に傾いたにせよ、根本思想は依然として不滅であり、根本教義の全体、遥かな太古から救出された、真理に最も近く、清純きわまりない異教徒の信仰は紛れもなく明白である。　（VIII, 368f.）

X・ティリエットがシェリング伝で強調して言うには、シェリングが当講演（「世齢への付録」）でかくもカベイロイの教義に重きを置いたのは、それが「『世齢』発展成長のための手本となった」からであり、また「旧約聖書学者達の下に自身の地位を確保したかった」という少年時代の夢を叶えてくれることをそれに期待したからでもあった。「この小著は、水先案内のように、来るべき神話の哲学を曳航した」のだったし、「この論稿は神話の扉を開ける鍵を含んでいた」のだった。(81)

むすびにかえて

ペーツやティリエットの興味深い指摘からも確認できる新境地に、シェリング本人が気づかぬはずもなかろう。彼はむろん自身が当講演で新たな境地に到達したということを自覚していた。講演内容もさることながら、刊行された講演論稿に付された「あとがき」の次の文言がその何よりの証左である。そこには、「本論稿が他のいくつもの諸著作の嚆矢をなし、かつそれらへの移行をなす」ものである旨が記され、それらの狙いが「学術的論述に従い、できるかぎり歴史的道筋を辿って人類固有の原体系を長年にわたって隠蔽され続けた闇から日の下に出すこと」にあることが強調されていた（VIII, 370）。ここに「人類固有の原体系」とは、本章の考察が導き出した結論に従えば、多神論Polytheismusとしての「神話」に「真理」として腹蔵されていた「宗教的次元」すなわち「唯一神」としての神概念、一神論Monotheismusを示唆するものにほかならず、ここで強調されていることは、アカデミー講演を機にシェリングが取り組もうとする課題が「歴史」の中で「隠蔽され続けた」「人類固有の原体系」――「神話の真理」――を暴き出すことにある、ということにほかならない。

上で見たとおり、講演論稿の「あとがき」には、こうした課題に取り組む諸著作が世に送り出されることが予告されていた。しかしながら、その後、ここに予告された諸著作は何一つ世に現れず、実際のところ、単行本としては、一八一五年のミュンヘン講演論稿そのものがシェリングによって世に送り出された最後の著作となる。(82) むろん、このように決定的に重要で思想上の大転換を画す新境地に立った新たな取り組みをシェリングが放棄するはずもない。そうした取り組みは、すでに触れたとおり、エアランゲン時代に開始され、さらにミュンヘン時代にはほぼ毎学期繰り返され、ベルリン時代に終結する一連の『神話の哲学』講義として遂行される。

本章での考察を閉じるにあたり、そこでわれわれの用いたキーワード「神話の真理」について『神話の哲学』講義に依拠しつつ若干補足を加えておこう。ここでの「真理」概念は、シェリングが初期(『自我論』一七九五年)にスピノザのそれ(『エチカ』第二部定理43注解)に倣って強調していた、真理はそれを証示するために他に何らかの根拠を必要としない、それ自身、自己自身に一致した「規範」(I, 185)にほかならないという「真理」概念に相当するものと解してよかろう。神話は通常、「寓意的・他意的」

allegorischなものと解されているが、シェリングは当講義では、こうした通説を退け、それをいわば「自意的」tautegorischなものと解している。一八四一年のミュンヘン時代最後の講義に曰く。

神話は徹頭徹尾本来的である。神話の中では一切はそれが自己を語るがままに理解されているのであり、他の何らかのものが意図されたり、他の何らかのものが語られたりするのではない。こうした事態を表すためにある簡潔で的確な表現を借りて言えば、「神話は寓意的・他意的allegorischではなく、自意的tautegorischである[83]」。

ここでシェリングは「神話の真理」を的確に表現するものとしてイギリスのロマン派詩人コールリッジの用語を借用しており[84]、シェリングはベルリン大学着任後の翌一八四二年夏学期の『神話の哲学〈歴史的批判的序論〉』講義でも類似の発言を繰り返し、同様の引用を今度はコールリッジを名指しつつ行った上でさらに、「彼は私に論稿『サモトラケーの神々について』を送るよう依頼した[85]」と追記し、興味深いことに、そこに次のような注解を加えている。

私の以前の諸著作の哲学的内容と重要性はドイツではほとんどいやまったく理解されなかった――〔とりわけ〕サモトラケーの神々に関する著作〔に至っては〕――それらがその意義において理解されたのは多才なイギリス人による。

(XI, 196)

ここにわれわれは、自身の諸著作、とりわけ本章で主題として取り上げたアカデミー講演の「哲学的内容と重要性」のドイツにおける無理解に対するシェリングの嘆きを聞き取ることができるであろう。ここからも彼晩年に営々と十数学期にわたって繰り返し講じられ続け、時に公刊さえ企図された『神話の哲学』講義の労苦への発端がバイエルンアカデミーで行われた、かの講演にあったことが読み取れる。

第三章　神話の真理

後期シェリングの神話論

神話問題は、シェリングにとって、生涯にわたって取り組まれた一大テーマであった。悪の起源を究明する際に神話論的考察を加えた処女作（学士論文、一七九二年）に始まり、これに続く雑誌デビュー論文（一七九三年）では神話そのものが主題とされていた。いずれも、シェリング十七、八歳の少壮神学徒期の作である。その後さらに、彼は共同体形成の核となるべき「新しき神話」の創作に意欲を燃やすが、結局のところ、これを断念せざるをえなくなり、神話論の本質究明に取り組むに至る。その成果を聴講者に訴え続けたのが、シェリング中期以降に繰り返し行われた『神話の哲学』講義群（一八二一―四六年）である。本書の第三章をなすシェリング後期の神話論に関する考察で典拠とするのは、『神話の哲学』講義群の内ベルリン大学での最初の講義（一八四二年夏学期）に相当する同序論第一部（「歴史的批判的序論」）である。先に記したとおり、シェリング神話論には大きな断絶、転換が介在していた。このことはシェリング神話論を理解する上でゆるがせにできない問題ゆえ、本章の論述をこの問題に関する考察から始めよう。

一　「多神崇拝への頽落」としての神話論――中期における神話論の転換

シェリングは一七九九年の終わり頃、フリードリヒ・シュレーゲルを通じてダンテの『神曲』と出会い、シュレーゲルが主催する『神曲』の読書会に熱心に参加していた。その熱意は主催者の〈手に負えないほど〉のものであったようだが、彼の並外れた熱心さは彼が当時抱いていた「新しき神話」構築に寄せる熱い思いによるものであったと推測される。この頃はおそらく、『超越論的観念論の体系』（一八〇〇年）末尾に「新しき神話」を媒介項として哲学の詩への帰還の要請（詳しくは本書第一章第二節参照）が綴られる時期に当たっていたであろうからである。W・ホグレーベの言葉を借りて言えば、この折、「シェリングの眼に『神曲』が（彼の目指す）新時代の思弁的叙事詩にとって範型として映った」[1]ということであろう。周知のとおり、シェリングは『芸術の哲学』講義でも「新しき神話」に寄せる熱い思いを詳細に語っていた（本書第一章第四節参照）。にもかかわらず、彼はこの種の詩作の試みを断念するに至る。「通俗哲学」[2]を目指して執筆された彼中期に属する『世齢』書草稿 *Weltalter*-Entwurf とりわけその第一草稿（一八一一年）では、「われわれは」古代の詩人達のような「語り手ではありえず、探究者にすぎない」（WA I, 14: 著作集4b・一一頁）ことが明言されることによって、古の叙事詩のような「語り」の可能性がきっぱりと否定され、それが「時来たらず」という時代の未成熟に帰されるに至っている（ebd.）。してみると、『世齢』書の刊行という「通俗哲学」の試みは、ホグレーベの見立てによれば「散文形態による新しき神話の実行」[3]ということになろうが、彼も認めるとおり、この試みも「挫折してしまう」[4]。またしてもなぜ「挫折」であろうか。挫折の理由を彼は「問題そのもの」の内に求めているが、私見はこれとは異なり、挫折理由は、すでに特筆したように（前章第一節）、叙述スタイルが抱える「方法的ディレンマ」[5]にあったというものである。実際のところ、『世齢』書の叙述は学問的な弁証法スタイルと詩的、神話的な語りスタイルとの「特徴的な並行論」[6]――筆者に言わせれば「両者の恣意的な混淆」――となっており、叙述スタイルとしては著しく首尾一貫性を欠くものとなってしまっていた。

『世齢』プロジェクト（一八一〇－一八年）の挫折はシェリング初期の神話論の核をなした「新しき神話」構想の断念と重なっており、中期でのこの挫折はシェリング神話論に大転換をもたらす。これが後期独特の神話論すなわち待望される神話を自ら詩作することから、神話の本質を究明する神話論――「神話の哲学」と銘打たれる神話論――への転換にほかならない。興味深いことに、こうした大転換の転換点に位置する著作が存在する。『サモトラケーの神々について』と題されたアカデミー講演テクスト（一八一五年）である。なお当著作に関して特筆すべきことは、そこに「世齢への付録」という副題[7]が添えられていたこと、また、これがシェリング生存中に刊行された最後の著作となったということである。ところが、後年シェリングが嘆くには、「当自作――サモトラケーの神々に関する著作――の哲学的内実と重要性はドイツではわずかしか、いやむしろまったく理解されなかった」（XI, 196: 5a・二一三頁）。これほど特異な著作にもかかわらずである。われわれはここで、後年の『神話の哲学』講義理解のために必要なかぎりで、かの著作の「哲学的内実と重要性」を確認しておこう。

当作の狙いとするところは、古代世界の様々な神話に登場する神々の名の詮議を通して、人類が抱く神観のいわば「原型」を探り当てようという点にあった。ここに「原型」とは、結論的に言えば、詩的で多神論的な神話に一神論的真理が含まれているという「神話の宗教的次元」[8]もしくは「神話の真理」[9]を意味していた。これは『神話の哲学』講義での一表現を借りて言えば、「あらゆる多神論は、現実的なものであるかぎり、一神論を前提する」（PhM（1837）65）[10]と言い換えうるが、こうしたテーゼはさらに突き進むと「神話的多神論は全人類に与えられた啓示（一神論）という原型の枠曲である」[11]というテーゼにまで行き着く。こうした根本テーゼを提起し、様々な民族の神話的諸表象が多岐にわたるにもかかわらず、それが並行的に推移するのはなぜかという問題への解答を試みたのがクロイツァーのかの大著『古代諸民族とりわけギリシア人の象徴表現と神話』*Symbolik und Mythologie der alten Völker, besonders der Griechen,* 4 Bde., 1810-12にほかならなかった。シェリングのアカデミー講演テクスト[12]の神話解釈の基本的立場は、そこに若干異論が差し挟まれるにせよ、概ねクロイツァー説と変わりはなく、彼は、ホメロスが詩作した神々の物語、神話を「一度生じた堕落後の避けようのない多神崇拝への頽落」（VIII, 363）にほかならないと見なし、ギリシア神話に特徴的な多神論、多神崇拝は本来の一神論、一神崇拝から派生した歴史的堕落形態でしかないと見なした。彼が講演で試みた神話比較、神名比較の末に探り当てた真実は、ペラスゴイ人によってサモトラケー島に住むギリシア人に伝えられた「カベイロイの密儀」には本来あるべき人間本性に根差した「一神論」に通ずるいわば「原型」が腹蔵されていたということであった。彼はこのことを、「〔カベイロイの〕秘教の厳密さで復元されたのは、〔ホメロスによる〕詩作という戯れの中で分解された、かの紐帯〔多神を一神と化す紐帯〕にほかならなかった」（VIII, 363）と表現している[13]。彼は後の『神話の哲学』講義の一つ、『神話の哲学への歴史的批判的序論』（一八四二年）でも、むろん「カベイロイの密儀」に立ち返っている（XI, 23, 108: 5a・三二、一二二頁[14]）。

二　後期における『神話の哲学』講義群と『神話の哲学序論』講義第一部

今注目した中期におけるシェリング神話論の大転換によって、その趣旨に則った『神話の哲学』講義が頻繁に繰り返されることになる。シェリング自身の弁によれば、こうしたタイトルの初出は「一八一四年」ということになり（PhM (1842) 117）、これは、かのアカデミー講演テクスト公刊の一年前に相当しており、ために当講演テクストで表明された転換は、実際にはそれが講演で表明される前年にすでに生じていたということになるが、われわれが眼にすることのできる最初の『神話の哲学』講義は（シェリング後期に属す）一八二八年夏学期（ミュンヘン大学）に行われたものである。ただし、最初の講義を含む三時期の講義に関して、G・デッカーの著書『神話への回帰』に引用された形で垣間見ることができるのみなのだが、筆者は二八－二九年冬学期冒頭部分に接しえたのみで、「神話の哲学」命名時にいかなる神話論が展開されていたかを確認できなかった。ともあれ、ミュンヘン大学では一八二八年夏学期を皮切りに十一回にわたって講義が行われた。これらのうち、一八三五－三六年冬学期、一八三七年夏学期、一八四〇－四一年冬学期（ただし、実際に講義が行われたのは一月から）の三学期分の講義筆記録が今日公刊されている。

シェリングはミュンヘン時代（一八二七－四一年）最後の『神話の哲学』講義を行って後、ベルリン大学に移り、赴任最初の学期（一八四一－四二年冬学期）に『啓示の哲学』講義を行う。エンゲルス、キルケゴール、バクーニン、アレクサンダー・フォン・フンボルト等々錚々たる聴講者達を参集させせながら、彼らを失望させ、彼らの離反を招くに至った、かの講義である。以下の考察で典拠とする『神話の哲学序論』講義第一部（XI, 1-252）は、かの講義の後、すなわち一八四二年夏学期に行われたものである。[20]ベルリン大学ではこれを皮切りに都合五回『神話の哲学』講義が行われるが、最初の講義に続く一八四二－四三年冬学期でのそれが『神話の哲学序論』第二部（XI, 253-572）と推定される。バウムガルトナーとコルテンによるシェリングの講義一覧およびティリエットの年譜[21]では一八四三年夏学期にも『神話の哲学』講義がなされたことになっているが、これは予告のみで実際にはなされていない。[22]続く同年から翌年にかけての冬学期講義のタイトルは「哲学の諸原理」であり、これは『自然過程の叙述』と題されて旧全集（X, 301-390）に収められているシェリング最後の自然哲学論である。[23]また一八四四年夏学期の講義は『啓示の哲学』講義ゆえ、残るは①一八四四－四五年冬学期、②一八四五年夏学期、③一八四五－四六年冬学期の三回。だとすると、①と②は『神話の哲学』の二種の本論に相当する「一神論」（SW XII, 1-132）と「神話」（SW XII, 133-674）に関する講義と推定したくなろうが、今日②と③の講義録[24]が刊行されており、両者は『神話の哲学』本論のいずれとも個々の論点はともかく講述のあり方としては一致しておらず、旧全集に収められている『神話の哲学』本論の双方が実際にはどのように講義されたかは定かではない。

　いずれにせよ、従来の後期神話論研究はもっぱら前記『神話の哲学』講義の二つの序論および二つの本論に関する旧全集テクスト（SW hg. v. K. F. A. Schelling）に基づいてなされてきた。有難いことに、わが国にもすでに優れた後期神話論研究書が刊行されている。橋本崇『偶然性と神話　後期シェリングの現実性の形而上学』（東海大学出版会、一九九八年）および山口和子『後期シェリングと神話』（晃洋書房、二〇〇四年）である。前者は本論講義第二部すなわち「神話」を基本テクストとしつつ、後期神話論の形而上学的意義（「そもそもなぜ何かがあって、何もないのではないか」という究極的問いの解明）を解き明かした研究であり、とりわけ後期哲学に特有の「原始偶然」Urzufall概念の意義を九鬼周造の偶然論と比較しつつ、当概念を彼が理念と見なしたことに対する批判は秀逸である。後者は主として序論講義第一部すなわち「歴史的批判的序論」（ただし、一八四二年のベルリン大学講義に先立つ一八四一年のミュンヘン大学講義筆記録[25]）を基本テクストとしつつ、存在概念と神話的思考の関係を再考することによってシェリング後期神話論の現代性を問題にするばかりでなく、後期シェリングに散見される芸術概念の射程を神話との関係から再考する試みでもあった。とりわけ、Urzufallとペルセフォネー神話に関する考察などは秀逸で、これをも含め、後期神話論の様々な魅力が活写されている。以下に提示する拙論は、これら先行研究では希薄であった側面――『サモトラケーの神々』に見られるシェリング神話論の大転換を基底に据えた一神論と多神論との関連の問題、当時の神話論の中でのシェリング神話論の理論的位置など――に焦点を合わせつつ、後期神話論最終段階ベルリン講義のスタート地点でのシェリング神話論の「神話の理論」（XI, 220: 5a・二三八頁）としての意義を見届けるようとするものである。

『神話の哲学序論』講義第一部「歴史的批判的序論」は、従来の既存の様々な神話説に逐次批判を加えつつ、「神話の本性、〈本質〉を問う探求にほかならない」（XI, 5: 5a・一一頁）。言い換えると、諸事象を通覧しつつ真理を探し求める方法による探求という意味で、いわゆる「帰納法」——シェリング自身は「下から上昇して来る方法」(ebd.: 5a・一〇頁) と称している方法——によって彼が求める「神話の真理」に到達しようとする試みであり、これを彼は「一度たりとも一切実際になされたこともなく、そもそもなされるべき説明を包括する講述にほかならない」(ebd.) と自負し、かつ講義のあり方としても「聴講者に達成方法が提示されないまま成果のみが教示され、要綱通りのことだけが聴講されている」(XI, 3: 5a・八頁) 通常の講義とは異なり、「テーマそのものを促して、それがそれ自身を認識させ、認識に抗いがちなテーマを扱う学問的業によって自己解明がなされる仕方を見安くさせ、傍観者達に単なる諸成果の全専門的知見を与えるよりはむしろ将来にわたり引き続き学問することそのことに積極的関心を抱かせる」(XI, 4: 5a・九頁) ものであることを強調している。

詩と哲学との関連問題や独特の言語論に執拗な語源詮索、はたまた民族成立、言語成立に関連させた神話成立問題等々、微妙な諸問題を縦横無尽に論じ、神話に関する自説——「神話の哲学」としての自説——を開陳している本序論講義に関する考察を、先に予告したように、「神話の理論」問題という何とも味気ない一面にのみ限定することは、全十講から成る本講義の多彩な魅力に反する暴挙には違いないが、われわれがシェリングの下した結論に近道を通って到達する方途として、これをお許し願うとして、まずは第九講 (XI, 214: 5a・二三二―三頁) に掲げられている神話に関する諸説を通覧した神話説一覧表、分類表を掲げ、これら諸説の特徴とそれらに対する批判的吟味を確認しつつ、最後にそれらを経巡った上での到達点すなわちシェリング説の内実と意義を見届けるとしよう。

A

神話にはどこにも真理はない。神話は

(1) 単に詩的と考えられており、神話に見出される真理は単なる偶然的真理である。

(2) 〔神話は〕無知が生み出し、詩作が後に形成し、詩的全体と結合した無意味な諸表象から存立している。（J・H・フォス）

B

神話には真理があるが、神話そのものには真理はない。神話的なものは

(1) 〈装い〉〈覆い〉である。
(a) 歴史的真理の（エウエメロス[26]）
(b) 自然学的真理の（ハイネ）

(2) 〔神話的なものは〕誤解、歪曲である。
(a) 純学問的（本質的非宗教的）真理の（G・ヘルマン）
(b) 宗教的真理の（B・ジョーンズ）（Fr・クロイツァー）

C

神話そのものの内に真理がある。[27]

三　従来の神話諸説

1　フォス説

見られるとおり、右に掲げた分類表は、「神話そのものの内に真理がある」という到達点（シェリング

説〉への歩みがいかなるものであったかを示している。当分類表では最初にハイデルベルク大教授にしてホメロス叙事詩の独訳者フォス（J. H. Voß, 1751-1826）の説が挙げられているが、それは、この説が「神話にはどこにも真理はない」という、いわば「神話の非真理説」（A）を代表するものだからである。これは、当表での要言では、「〔神話は〕無知が生み出し、詩作が後に形成し詩的全体と結合した無意味な諸表象から存立している」説ということだが、第四講では次のように定式化されている。「詩人達は〔まず〕薄暗き諸形態と定かならぬ存在者を徐々に形成し、〔次いでそれらに〕比較的優美な人間的諸特性を供与し、最終的には〔それらを〕観念的諸人格に高めるはずである。結局のところ、詩人達はそれどころかこれら存在者の〈物語〉*Geschichte*を創作し、これによってもともと無意味なものは好感の持てる魅力的な仕方で覆い隠される」（XI, 70: 5a・八一頁）。

フォス説（A2）に代表される「神話の非真理説」に対して分類表では、「神話には真理があるが、神話そのものには真理はない」という、いわば「神話の半真理説」（B）が対置されるが、こちらは「〈神話の真理〉の装い、覆い」としてのそれ（B1）と「〈神話の真理〉の「誤解、歪曲」としてのそれ（B2）とに分かたれ、前者（B1）はさらに「歴史的真理の〈半真理説〉」（エウエメロス説）（1a）と「自然学的真理の〈半真理説〉」（ハイネ説）（1b）とに区分され、後者（B2）はさらに「非宗教的真理の〈半真理説〉」（ヘルマン説）（2a）と「宗教的真理の〈半真理説〉」（ジョーンズ説およびクロイツァー説）（2b）とに区分されている。

2　エウエメロス説

第二講での定式化によれば、「エウエメロス説」（B 1a）とは、「アレクサンドリア時代のエピクロス主義者エウエメロス〔Euemeros von Messene, 300-270B.C.〕」（XI, 27: 5a・三五頁）による説で、これは、シェリングによって「歴史的説明様式」（ebd.）と特徴づけられている。なお、PhM（1837）112に付された編者注[28]では「神々に関する合理的実用的説明」あるいは今日のある神話論[29]によれば、「かつての王、英雄、賢者達の変容、神格化」というように、より具体的に特徴づけられている。いやそればかりか、後者ではそれが「十八世紀の合理主義的啓蒙に受け継がれた」という指摘までなされており、そこでの神話解釈は「いかにして人間の振る舞いが寓意的に自然現象に移入されたか、あるいはいかにして人々が人間的存在を超自然的なものと見なそうとしたかを示そうとした」試みと規定されており、傾聴に値するもののゆえ、ここに記すことにした。シェリングの講述に戻れば、彼はエウエメロス説に関する説明をそのルーツとしてのエピクロス説に関する説明に置き換える。それによれば、エピクロスにとって、神々とは「神々と見なされた人間にすぎず」、こうした説を彼は「人間本性に植え付けられた万人に共通した考え〔「神々に対する先取観念」（Cicero, De natura Deorum, I, 16）〕から導出した」と見なされ、これに対し、さらに次のような否定的な批評が加えられる。すなわち、この説は「挫折した説にすぎず」、「キリスト教時代いやそれどころか現代においても……少なくともエウエメロス的説明を適用できると考えている者達がいることがいかに不適切なことであるか」というような（XI, 27 f.: 5a・三六頁）。

3　ハイネ説

クリスチャン・ヤメの神話哲学論によれば、「ハイネ（Chr. G. Heyne, 1729-1812、ゲッティンゲン大学教授）のホメロス講義（一七七六年の最初の講義は未だ普遍的なホメロス・ルネサンス以前に属している）は神話を初めて文献学的探求の領域に組み込んでおり、それは、〈神話時代〉*aetas mytica*を（とりわけ初期詩人達の理解のために）歴史の源泉として承認することによるものだが、このことは、彼の講義の聴講者に数えられる続く世代、シュレーゲル、フンボルト、クロイツァーの世代に多大な影響を与えた」[30]。古典文献学者ハイネが彼の諸講義で掲げた諸テーゼを摘記すれば、それらはたとえば、神話を「人類の幼年時代の表象形式、表現形式」と見なすもの（一七六二年のゲッティンゲン・アカデミー講演）、あるいは、ホメロスを「元来自然学的説明のために規定された宇宙創成、神創成の寓話を叙事詩的語りに受け入れ、太古の人類史に由来する出来事を真なるものとして表現することを認知した」人物と見なすもの（根源的哲理からホメロスまでの発展の連鎖を突き止める一七七七年のホメロス講義）、この講義における第二の代表的テーゼは「すでにホメロス以前に『詩人達、詩的諸作品』が存在した」というものであり、ギリシア宗教の成立に関する歴史的付論によれば、「彼は神話を詩的エクスターゼとして定義し……、神話はヴィーコ同様に言語的諸現象と解釈され、（彼の）神話分析はすこぶる強く修辞的に刻印されている（〈神話的表現〉*sermo mythicus*）」。先のテーゼ同様、「このテーゼもまた多大な影響を与えた。すでに十八世紀末以来、ハイネの神話概念は体系的に旧約聖書釈義、やがて新約聖書釈義に適用される。たとえばJ・G・アイヒホルン、J・Ph・ガープラー、G・L・バウアー。ハイネのミュートス把握は偉大なルネサンスを生き抜き、十九世紀後半にまで及んでいる」[31]。

ヤメの神話哲学論から摘記した諸テーゼのいくつかはシェリングの定式と重なるものの、これはいささかもの足りなさを感じさせる。自説以前に属す一説への一瞥ゆえに致し方ないと言わざるをえないにせよ、もう少し入念な語り方ができなかったものかという感じは否めない。ともあれ、それは、先(1a)に同じ「神話の半真理説」ながら、「自然学的真理の半真理説」として、「自然的世界生成論」としての「神統記」に注目し、その創始者を哲学者達と見なす。このような立場に立つ「彼にとって、神話の根源的内容は多かれ少なかれ世界形成に関する理路整然たる哲理なのである」(XI, 30: 5a・三九頁)。したがって、ハイネ説(1b)は「哲学的神話」説とも特徴づけられるが(目次での小見出し)、ただし、その特徴はこれのみに留まらず、そこでは「哲学的に重要な諸神話をありふれた物語へと……転換する手柄をまさにホメロスのものと見なしたがっている」(XI, 32: 5a・四三頁)という傾向にまで及んでいる。シェリングはおそらく前記一七七七年のホメロス講義(紀要論稿の表題としては「ホメロス物語の起源と主題について」一七七八年)を念頭に置きつつ、この点、次のように述べている。「一部、最古の言語には普遍的原理、原因を表わすための学問的表現が欠けており、言語の貧困のために彼らは抽象的概念を諸人格として、論理的関係もしくは実在的関係を生殖という比喩によって表現せざるをえなかったし、また一部、彼らは対象そのものによってこれほどまでに感動していたために、対象を聴衆にも行動する人物のようにいわば劇的に認識させるよう勤しんだ」(XI, 31: 5a・四〇頁)。シェリングによるハイネ説コメントをごくかいつまんで提示するとこれくらいに収まってしまうのだが、ただ付論としてのエピクロス派とストア派への言及、すなわちＢ1aとＢ1b両説のそれらへの比定は興味深い。そこではそれは次のように語られている。「注目すべきことには、ギリシアやローマで哲学という舞台で最後に残った両説、〈エピクロス説〉と〈ストア説〉とは二様の説明、〈事象的エウエメロス的説明〉〔Ｂ1a〕と〈自然学的説明〉〔Ｂ1b〕とに分かれた。……結局両問題は〈新プラトン派〉によって解決された」（XI, 33: 5a・四二頁）というように。すなわち、Ｂ1aとＢ1b両説の先蹤は〈エピクロス説〉と〈ストア説〉に見られ、古代末期にあっては両説の対立は〈新プラトン派〉によって解決されたというわけである。両説の対立の最終的解決は結局シェリング説を俟つほかないと見なしうるとすれば、シェリング説は〈新プラトン派〉に相当すると見なしうることになろうが、このような見方がなされないために、シェリングは当派に関しては、「彼らは、神話を無条件な権威として前提するのだから、神話に関する本来の説明者の内には入らない」（ebd.）というコメントを加えている。

ハイネ説に対する批評はシェリング自身が最初期にそれに依拠した「神話論」（一七九三年）を世に出していただけに手厳しい。「ハイネは道半ばに留まっていた……彼はそもそも何らかの必然的な結果を出し切り、終極まで考え切るような人物では決してなかった」（XI, 34: 5a・四四頁）と。この種の批評を締めくくるにあたり、シェリングは皮肉たっぷりに「彼が哲学的説明を終極まで吟味できなかったことはもっけの幸いだったかもしれない」（ebd.）と宣うのだが、それは、ハイネの後継者ヘルマン（G. Hermann, 1772-1848、ライプツィヒ大学修辞学教授）を登場させるためにほかならなかった。

4　ヘルマン説

かの皮肉な弁に続き言われるには、〔道半ばに留まり、終極まで吟味できなかった〕「哲学的説明を存続させたのは文献学的研究における彼に勝る公認の精神、彼の有名な後継者ゴットフリート・ヘルマンだった」(ebd.)。シェリングの見るところによれば、本来ありうべき哲学的説明は文献学者ヘルマンによって次のような仕方で樹立された。「すなわち、彼は表現の表面的な人格化といった色づけを差し引き、名称の中にさえほかならぬ対象そのものの学問的命名を見るという仕方で、また、彼にとってたとえばディオニューソスは葡萄酒の神ではなく厳密に語源的には葡萄酒そのもの、フォイボスは光の神ではなく同様に光そのものを意味するという仕方で樹立した。〔こうした仕方での説明こそ〕説明であり、これは寓意化する存在者に対する抵抗として顧慮や詳細な叙述に十分値する」(ebd.)。

ここでわれわれはシェリング初期に立ち返り、若き彼が神話を「寓意」と見なす神話解釈を退け、神話を「図式」と「寓意」を総合した「象徴」として捉えていたことを確認しておこう。『芸術の哲学』講義（一八〇二―〇三年、一八〇四―〇五年）における神話論である。彼は当講義にて、芸術を「普遍と特殊との絶対的無差別を伴って絶対者を特殊内に表現すること」(V, 406: 3・二六八頁）と見なす立場から、芸術の表現形式を図式的、寓意的、象徴的の三種に区分し、神話をこれらのうち「象徴」に相当するものと見なしていた。神話は彼にとって「普遍が特殊を指示する〔図式〕のでもなく、特殊が普遍を指示する〔寓意〕のでもなく、両者が絶対的に一つであるところの総合」すなわち「象徴」として、理念の客観的実在的直観にほかならなかった（V, 407: 3・二六九頁）。「芸術は根源的美を諸理念の内でのみ直観する。……諸理念は実在として直観されるかぎりで芸術の素材、芸術の普遍的絶対的質料である。すべての特殊な芸術作品は完熟したものとしてその質料から初めて生ずる。この生きて現存する実在的諸理念が神々である。したがって普遍的象徴表現すなわち諸理念の実在としての普遍的表現は神話の内で与えられている。……実際、あらゆる神話の神々は、客観的実在的に直観された哲学の諸理念以外の何ものでもない」(V. 370: 3・二二四頁)。

神話を「寓意」ではなく「象徴」と見なす初期シェリング芸術哲学に特有の神話論には先蹤があり、それがモーリッツの独特の神話にほかならなかった。彼は著書『神話論』(一七九一年)で、「神話的象徴表現を美的想像力の固有の力動、自立から把握し表示することを特に重視した」[32]のであり、「神話を、その意味をそれ自身において担う世界そのものとして解釈した」[33]のだった。シェリングは『芸術の哲学』講義で「モーリッツが初めて神話をその詩的絶対性において表示した」(V. 412: 3・二七五頁)というように、「モーリッツが行った多大な功績」を称賛していた[34]。ところが、ほぼ四十年を経たシェリング晩年の『神話の哲学序論』講義(一八四二年)ではこうしたモーリッツ讃はなりを潜め、これに代わって登場するのが、ここ第二講でのヘルマン讃にほかならない。ヘルマン説は第九講でのかの神話諸説分類表に即して言えば、なおBのグループ(神話の半真理説)に属するものでありながら、B1グループ(〈神話の真理〉の装い、覆い説)とは異なって、B2グループ(〈神話の真理〉の誤解、歪曲説)へと舵を切っているばかりでなく、シェリングにとって注目のかのコールリッジ説とも符合するものでもあろう。この点を顧慮すれば、ヘルマン説に対するシェリングの高評価も納得のゆくものとなろう。

ここに「かのコールリッジ説」とは、神話を「〈寓意的〉*allegorisch*ではなく、〈自意的〉*tautegorisch*」(XI, 196: 5a・二一三頁)と見なす説であり、シェリングの指摘するとおり、「Allegorie〔寓意〕とは*ἀλλο*(別のもの)および*ἀγορεύειν*(語る)に由来する」(XI, 26: 5a・三四頁)のに対して、Tautegorie〔自意〕は、*ἀλλο*(別のもの/他意)ではなく、*ταυτόν*(そのもの/自意)を*ἀγορεύειν*(語ること)にほかならない。ちなみに、コールリッジは「自意」という語を「プロメーテウスは哲理にして自意である」Prometeus is a philosopheme and *ταυθηγορικόν*[35]というように用いていた。「コールリッジは自意的(tautegorisch)という語を哲理(philosopheme)と同じ意味のものとして用いている」(XI, 196: 5a・二一四頁)という第八講でのシェリング発言はこれを念頭に語られていたと推測される。なお、ここで特筆しておくべき点は、すでに見たシェリングによる自作『サモトラケーの神々』に対するドイツでの無理解を嘆いた第八講での一注記には、当自作が「その意義において理解されたのは多才なイギリス人による」(ebd.)というように、コールリッジへの熱い思いが綴られていたことである。一八一五年のアカデミー講演テクスト『サモトラケーの神々』は、シェリング神話論の大転換がそこで遂行されることとなった画期的なものであるばかりでなく、後年でのコールリッジ説への言及との関連からも注目作にほかならない。ちなみに、従来の自作への言及がきわめて少ない『神話の哲学(序論)』講義で言及される稀有な自作の一つが『サモトラケーの神々』であり、この点もここで強調しておこう。

なお、第二講でのヘルマン説コメントに戻って触れておくべきは、ハイネとヘルマンとによるヘシオドス『神統記』評価の相違である。両者ともにそこに理路整然たる哲理を見出している点で、両者に共通性が認められるものの、「ヘルマン理論が神話からあらゆる本来の宗教的意味を除去するハイネの概して脆弱な試みを遥かに凌駕している」（XI, 40: 5a・五〇頁）点に両者の決定的相違をシェリングは見出している。第二講後半の講述は「古代の傑作」（XI, 37: 5a・四七頁）としての『神統記』でのかの世界生成論（一一五一一三五行）を彼流に語源的知見を交えパラフレーズし、かつ折々にヘルマンの主著『神話の本質と取り扱いについて』（一八一九年）への参照を促しつつ、ヘルマン理論の優れた点を顕彰するものとなっている。

5　ジョーンズ説

第九講での神話諸説分類表によれば、B 2b（宗教的真理の歪曲説）は最終到達点C（神話の真理説）目前に位置していることから推察できるとおり、そこに、いよいよシェリング神話論の基盤をなす多神論と一神論との関連問題が浮上して来る。シェリングは第四講で、「多神論に一神論が先行していた」というテーゼを掲げる。これによって、「宗教一般が表示されるばかりでなく、真の宗教が表示されるからである」。彼の見るところ、この見解はキリスト教時代からヒュームに至るまで「完全で普遍的な合意を円滑に獲得してきた」ものであり、その含意たるや、「多神論がそれより純粋な宗教の腐敗によらずに成立しえたなどということはありえないと見なされたし、かかる宗教が神的啓示に由来したことはやはりかの仮定からある程度切り離せない思想であった」というものであった（XI, 83: 5a・九六頁）。このような趨勢を承けて生じた新たな局面が「〈原啓示〉*Uroffenwahrung*によってモーセ諸書の字義的内容を遥かに超え出る体系〔「原体系」Ursystem〕を前提する〔という〕事態」であり、こうした事態に立ち至ったことによって要請されるのは、モーセ諸書での欠落を埋めうる史料の発掘である。それが異教的な神話説やオリエント神話の伝承にほかならない（XI, 88: 5a・一〇一頁）。ここに特筆しておくべき点は、こうした見識にシェリングが立ち至っていたのがベルリン講義二十数年以上も前のミュンヘン講演『サモトラケーの神々』だったということである（ebd.）。先の引用文に補足した「原体系」Ursystemという語も次のようなコンテクストですでに件の講演テクストの「あとがき」に記されていた語にほかならなかった。「あとがき」に曰く。「当論稿は別のいくつかの論稿の始まりであり、かつ移行である。それが意図するところは、可能なかぎり歴史的道程を辿り行く学問的論述によって人類の本来の原体系を長年の隠蔽から明るみに出すことにある」（VIII, 423）[36]。してみれば、先に引用したわれわれのベルリン講義第四講での弁はかつてミュンヘン講演で提起されていた課題に取り組み、その解決への糸口を見出したものということになろう。ともあれ、或る事態はさらなる事態を呼び寄せるばかりでなく、それに向き合う人物をも招来する。ここに登場する人物が、かの分類表に名が挙げられている。W・ジョーンズ（W. Jones, 1746–94）である。

「オリエントの神話論の一面でのギリシア的諸表象との一致、他面での旧約聖書の諸説との一致によってかかる諸結論に引き寄せられ、さらになお別の諸結論にまで突き進んだ第一人者は、オリエント文芸史やアジア諸宗教の知見を巡って不滅の貢献をした御仁、カルカッタのアジア協会初代会長、ウィリアム・ジョーンズであった」（XI, 88: 5a・一〇二頁）。

ジョーンズはイギリス最初のサンスクリット学、インド学の創始者である。カルカッタでのアジア協会創立期の協会誌*Asiatic Reserches*の創刊が一七八八年、叙事詩『シャクンタラー』の英訳がその翌年。現代のわれわれにとっては、インド学の西洋哲学への受容はショーペンハウアーによるそれがまず思い浮かぶが、彼に影響を与えたのは『バガヴァド・ギータ』の独訳や『ウプネカット』の羅訳であって、いずれもジョーンズとほぼ同時期のドイツおよびフランスのオリエント学者達の手になるものであった。(37) ショーペンハウアーにあっては関心の的は苦界からの解脱といった古代インドの叡智にあったが、シェリングにあってのそれは、あくまでインド神話と西洋神話（特にギリシア神話）との親縁性にあり、ジョーンズは先の雑誌創刊号掲載論稿「ギリシア、イタリア、インドの神々について」On the Godds of Greece, Italy and India. In: *Asiatic Reserches*, I, 221-75（esp. 221 f.; 271）でそれを指摘していた。(38) シェリングがこれを読んだか否かは定かではないものの、彼がかの雑誌（ただしその仏語版*Journal Asiatique*）を読んでいたことは『神話の哲学（本論）』第二十一講での彼の証言（XII, 476）に明らかゆえ、読んだ可能性は大いにありそうである。いずれにせよ、確実に言えることは、彼が「原体系」Ursystemと称する〈原啓示〉*Uroffenwahrung*思想の内実がジョーンズによる神話比較論の成果と一致していることである。

6　クロイツァー説

さて、例の比較神話論によってさらに広範で画期的な成果を上げたのが、かの大著『古代諸民族、特にギリシア人の象徴表現と神話』（全四巻）の著者クロイツァー（G. Fr. Creuzer, 1711-1858、ハイデルベルク大学文献学教授）であった。神話はえてして人間の想像力が案出した絵空事、「紙上の空論」（XI, 82: 5a・九五頁）、あるいはせいぜい「寓話」扱いされるのが関の山だった。このため、「神話と真理ほど異質に見えるものは何もない」（XI, 220: 5a・二三九頁）という状況が長らく続いた。神話に対するこのような状況を一変させたのが当大著にほかならなかった。シェリングがクロイツァーによるかかる快挙を次のように絶賛している。「彼は美しい古典的叙述によって、また、中枢をなす深い直観に支えられた現実的で傑出した博識によって、神話については高度な見識と論述が必須だという確信をきわめて広範な領域で普及させ強化した」（XI, 226: 5a・二四四頁以下）というように、あるいは、彼は「全面的で目覚ましい帰納推理の威力によって神話の宗教的原義をもはや異議を唱えようのない歴史的直証にまで高めた」（XI, 89: 5a・一〇二頁）というように。ただ、シェリングがクロイツァーの「有名な著作」に功績を認めたのは、この点のみに留まらず、「〈根源的全体〉の思想」、「思い及ばぬ〈太古の〉（unvordenklich）人知体系の思想」を生き生きと目覚ませたことにあった。これが「きわめて人目につきにくい連関を明るみに出す」ことぬきには不可能である点に鑑み、シェリングはここにクロイツァーの「哲学的炯眼」を見出している（ebd.）。かかる「哲学的炯眼」によって獲得されたクロイツァーの根本思想は、ここ第四講では「多性を絶対的に排除する抽象的一神論ではなく、多性を自己自身の内に措定する〈実在的一神論〉」（XI, 90: 5a・一〇三頁）と特徴づけられているが、クロイツァー自身は主著第一巻「序言」Vorrede（2. Aufl. [1819], S. 2）では、一神論と多神論との関連を「光源」としての太陽とそこから発する「諸光線」との関連になぞらえ（XI, 137）、また他のヘルマンとの共著（『ホメロスとヘシオドスに関する書簡』*Briefe über Homer und Hesiodus*, 1818, S. 54）でも同じく天文学的比喩を用いながら、惑星とそこから分裂した諸々の小惑星になぞらえ、「気づかざるをえない根源的一性こそ、相当純粋な根源的宗教、一神教／一神論だったのであり、介入してきた多神教／多神論によってかくも激しく引き裂かれはしたものの、根源的一性はいかなる時代にも完全に没落しはしなかった」（XI, 138: 5a・一五二頁）とコメントしていた。

このような立場に立てば、結局のところ、「神話は〈互いに分離した一神論〉」（XI, 91: 5a・一〇四頁）ということになろう。大枠においては同様の立場に立つシェリングは、このようなクロイツァー的神話論を「究極の高み」（ebd.）というように、それを最大限に称揚し、その意義を次のように強調する。「この見解が出発点とするのは、偶然に自然から取り出した諸対象の漠然とした多性ではなく、多性を支配する一性という中心点である。きわめて偶然的で曖昧な自然という部分的本体ではなく、それのみに人間精神が屈する必然的普遍的本体という思想は神話を統括し、神話を密接に関連した諸要素（多神論）の真の体系へと高める」（ebd.）。「現にかくある多神論が一神論を前提するということが、ここではもはや単に哲学的に主張されるのではなく、一神論は神話の歴史的前提となっている。つまり、一神論そのものは再び歴史的事実（原啓示 Uroffenbarung）から導出されている」（ebd.: 5a・一〇五頁）。

こうした一連の神観に触れるにつけ、痛感させられることは、それがいかにキリスト教中心的、西洋中心的であるかということである。確かにクロイツァーは時代の趨勢に従って、ギリシア神話以外の

（そのルーツとも目される）エジプト神話、さらにはインド神話等にまで考察を広げつつ、「古代の信仰、詩作、造形の連関と精神を探究し、古代の諸作品の中に宗教的中心点を探り当て、それを証示」しようとしたが（Creuzer, Symb. u. Myth. [...] 1. Aufl. (1810), Vorrede, XV）、彼自身実に率直に告白するとおり、「私はあらゆる考察において、あらゆる既知の宗教のうちキリスト教に高い価値、いや最高の価値を付与する」（ebd., IX）。このような彼にとって、ギリシア神話と雖も、単なる「キリスト教への必然的前段階」（ebd.）にすぎなかった。これとの関連で、「真の神への通路はキリスト教によって初めて開かれる」（XI, 212: 5a・二三〇頁）と主張するシェリングにも、今クロイツァーに対して加えた批評と同じような批評を呈したくもなるが、後に指摘するように、聖書および神話への彼の向き合い方はクロイツァーのそれとは根本的に異なっており、事はさほど単純ではない。

四　「神話の真理」――シェリングの神話論

1　同時的多神論と継起的多神論

さて、『神話の哲学序論』講義第一部において、神話論の最終的な到達点、ありうべき神話論がシェリングのそれであることは、われわれにとって、自明であろう。A（神話の非真理説）およびB（神話の半真理説）に関する吟味を経巡ることによって、われわれはようやく「神話そのものに真理がある」（XI, 214: 5a・二三三頁）という到達点Cに辿り着く。われわれは直前のB2b（ジョーンズ説、とりわけクロイツァー説）の吟味ではすでに到達点まであと一歩の地点、すなわち「多神論が一神論を前提する」という地点に立っていた。シェリングの立場は、こうした根本テーゼにおいてはクロイツァー説と変わりはないものの、〈原啓示〉としての一神論から分化して成立するとされる多神論に或る特別な区別を設けるもので、それが第六講に登場する〈同時的多神論〉der *simultane* Polytheismusと〈継起的多神論〉der *succesive* Polytheismusとの区別である。前者は「すべての神々をそれらの共通の一性に解消した互いに同時的共在的神々に関する神話」、後者は「互いに排除し合うゆえに時間的に相前後して継起する神々」に関する神話と定義されるが（XI, 120: 5a・一三四頁）、両者の関係は、シェリングが言うには、対等に並び立つ単なる種別同士の関係ではなく、後者が前者を越え、全体として前者を包み込んでいる関係である（XI, 122: 5a・一三六頁）。前者〈同時的多神論〉には先のジョーンズ説、とりわけクロイツァー説に代表される説が属すことは言うまでもないが、「真の多神論、〈本来の多神論〉」（XI, 121: 5a・一三五頁）とも称される後者〈継起的多神論〉は、これまた言うまでもなく、シェリング説そのものにほかならない。このようにシェリング説はクロイツァー説を含むものであり、この意味で、両者には共通性と差異があることになる。共通性（とりわけキリスト教的一神論との関連）という側面では、多神論、神話と啓示との関係如何という難題が待ち受けているのだが、この問題は第七講の中心問題ゆえ、後に見ることにし、ここではなお第六講での立論に立ち止まり、シェリングがここで提起した区別の意義を見届けることにしよう。

何とも分かり易く、彼がこの区別を持ち込むにあたって念頭に置いていたのは、かの『神統記』神話であった。彼はこれを「神々の歴史」と見なし、それを「唯一の種族のみ、たとえばゼウスの種族」の歴史と解されると、一切が一性に解消される〈同時的多神論〉となり（XI, 120: 5a・一三四頁）、これとは異なり、それが三種の種族、「三種の神々に関する系統を有しており、各系統では単一の神が最高神であり、第一の系統ではウーラノスが、第二の系統ではクロノスが、第三の系統ではゼウスがそれである」（ebd.）と解すと、そこに〈継起的多神論〉が成立する。そこではつまり「これら三柱の神々は同時的神々ではありえず、互いに排除し合うゆえに時間的に相前後して継起する神々にほかならない。ウーラノスが支配しているかぎりはクロノスが支配しえず、ゼウスが支配するに至るにはクロノスは過去に退かざるをえない」（XI, 120 f.: 5a・一三四頁）というわけである。ここには明らかに「歴史」が息衝いている。だが、「歴史」は追憶とその伝承によって初めて「歴史」となる。この意味で、「神話は意識の外では実在性を持たない」（XI, 124: 5a・一三八頁）。ただし、それは単なる意識表象ではなく、「意識内に実際に生じた」「継起」にほかならず、これによって「神話は形成されている」。つまり「神話は案出（詩的創作）によってでも分離（一神論から多神論への分離）によってでもなく、意識内に現実に生じた継起によって成立したということである」（XI, 125: 5a・一三九頁）。「神々の歴史としての神話つまり本来的な神話は生活そのものの中でのみ産出されえたし、体験されたもの、経験されたものに違いなかった」（ebd.）。このように、シェリングは神話を「生活体験」、「生活経験」に根差した「歴史」と見なしていた。彼はこの点では、自説はクロイツァー説と同じだと指摘した上で、自身にとっての「根本問題」に立ち返る。それがさらなる根本的区別——「絶対的一神論」と「相対的一神論」との区別、もしくは「第一の神」

としての「絶対的唯一神」と「第二の神」としての「相対的唯一神」との区別である。

2 絶対的一神論と相対的一神論

ここに「絶対的唯一神」とは、「自己の外に他の神々の可能性すら認めない神」であり、この意味でモーセの神、キリスト教正統派の奉じる神である。これに対し、「相対的唯一神」とは、「他の神々の可能性を廃棄しない」神であり、ヘルマン(『神話の本質と取り扱いについて』*Ueber das Wesen und die Bebhandlung der Mythologie*, 1819, S. 37)が「鋭く指摘していた」神概念に相当する(XI, 127: 5a・一四一頁)。シェリングはこうした神概念を獲得するとともに、第五講で詳論した民族および言語の成立問題を件の神概念に即しつつ再論する。言うまでもなく、「絶対的唯一神」の立場では、旧約聖書が厳しく戒めるように、かかる神以外の神々の存在を許容しようがないが、「相対的唯一神」の立場では、神統記に謡われるような継起する神々が想定可能である。とは言え、シェリングによる民族、言語成立論、ひいては多神論の特徴はギリシア神話よりはむしろ旧約聖書に立脚する点にあった。第四講での印象深い発言によれば、「民族成立、言語混乱、多神論は旧約聖書的思考法に通じた概念、筋の通った現象」(XI, 109: 5a・一二三頁)なのである。「旧約聖書的思考法」と彼が称する思考法によれば、「人類の意識を支配した単一原理」、「人類をいわばその固有の一体性へと引き入れる」第一原理と人類を分離、離散させる第二原理という二つの原理が拮抗しており、後者の原理が始動するのは、前者の原理の「動揺」による(XI, 104: 5a・一一八頁)。すぐさま想定可能なとおり、その典型の一つが「言語混乱」(バベルの塔)にほかならない。「民族」の存在そのものにしてからすでに、「旧約聖書的思考法」によれば、「遂行され何によっても抑制されなかった崩壊のお今なお生ける証拠」なのである。すなわち、それは人類に「神罰が下された」「証拠」だというわけである（XI, 112: 5a・一一七頁）。シェリングの見るところ、「ゆるがない自己同等性の中で一性を維持する神は、自分自身で不等不安定となったことによって、まさしく自分自身で人類を分散させざるをえなかった。この神は、人類を前もって束ねていたように、またその同一性の中では自身の一性の原因だったように、自身の多様性の中では自身の分離の原因となる。むろん最も内的な出来事のこうした規定はモーセの伝承（『創世記』vgl. XI, 101 f.: 5a・一一五頁以下）では語られていなかったが、こうした規定は、それが単に近接原因（言語混乱）と称される場合には、最も遠い究極原因（多神論）を少なくとも暗示している」（XI, 105: 5a・一一八頁）。このような意味で、バベルは「多神論開始の場所」（ebd.）なのである。シェリングに言わせれば、「多神論は同質の人類に投げ込まれた分離手段」であり、「様々な神話説は民族分離の確実な道具」なのである（ebd.）。

3　神話と啓示または多神論と一神論

さていよいよ、われわれは先に予告した神話と啓示との関係問題という難問に取り組む段階に立ち至った。この難問に取り組むにあたって、シェリングの頼みとする「援助」は、「多神論の起源を純粋に哲学的に探究した第一人者」（PhM (1841) 72）、『宗教の自然史』（一七五七年）の著者ヒューム[39]が「歴史的価値」を否認し、「そっくり脇に追いやった」（XI, 184: 5a・二〇一頁）旧約聖書である（XI, 143: 5a・一五七頁）。旧約聖書は、彼にとって、霊感によってキリスト教義が記された聖典などでは決してなく、そこには他の古文書同様の伝承に基づく語りによる史誌を含んでおり、彼にとってそれは、人類史に関する歴史的資料にほかならなかった。たとえば、例の難問に取り組む第七講では、かの「洪水」に対してすら、それは「実際に先史時代の伝承に由来する」（XI. 150: 5a・一六四頁）と明言されている。むろん、啓示の次第、すなわち神と人間の関係に関しても然り。「人間の意識内では絶対的一者に相対的一者が取って代わるという最初の主張」（XI. 144: 5a・一五八頁）も、モーセ諸書の一つ『創世記』第四章の系図によって確証されると見なされている。シェリングは、当章末尾（二五、二六節）の系図に基づき、アダムの子孫エノシュに注目する。アダムおよびその第二世代セトとその第三世代エノシュとの間に或る決定的な相違が認められるからである。彼は前二者を「第一の人類」、後者を「第二の人類」と名づけることによって、これらを従来の彼の議論での「第一の神」と「第二の神」、「第一原理」と「第二原理」といった神概念の相違に対応づける。われわれはえてして「最初の人間」アダムの神認識を「後の人間の意識内より純粋で完全であった」（ebd.）と考えがちだが、彼はこれをきっぱり否定する。アダムのみならずセトにあっても、すなわち「第一の人類」にあっても、「相対的一者が未だそのようなものとして現れなかった」のであり、これが現れるのはようやくエノシュ（「第二の人類」）においてだからである。シェリングの考えによれば、「相対的一者」としての「第二の神」は「相対的一者内に存在した絶対的一者に完全に代わる神」にほかならず、「真の神そのものの認識、識別」は「絶対的神であることを止めた相対的神が相対的神として説明されたことによって初めて可能となった」（XI. 144: 5a・一五八頁）。

言い換えれば、「かの最初の神が後続の神によって疑われ始めた時に初めて、真の神が後続の神の内で保持されんとし、かくして、この神を識別することが習得された」（XV, 145: 5a・一五九頁）。こうしたシェリングの独特の考え、主張は彼独特の聖書読解によっている。『創世記』第四章末には「エホバの名を呼び始めたのはこの時〔エノシュの時〕である」とあるが、シェリングはこの証言を承けて、それを次のような主張に繋げる。「エノシュから初めて、つまり第三世代で初めてエホバが呼ばれた。言葉どおりに言えば、その時からエホバが名で呼ばれ始めた。ところで、このことは、彼が識別されたも同然である。というのも、名で呼ばれる者は、まさしくそのことによって識別されるからである。ここから矛盾なく帰結することは、エノシュ以前すなわちこの名で呼ばれた人以前には真の神はかかるものとして識別されなかったということであり、この点に至るまでは真の神そのものの認識という意味での一神論は存在しなかったということである」（XI, 146: 5a・一五九頁以下）。

真の神の認識、一神論に関連してシェリングの注目する第二の人物はノアである。周知のとおり、「ノアの方舟」の物語として人口に膾炙した伝説では、地の乱れ、人々の堕落のために、ノアの一族とそれぞれ一番《ひとつがい》の生きもののみを残して、人間も含め地上のすべての生きものは滅ぼされた。『創世記』第六章から第九章によってわれわれに伝えられた、この種の洪水伝説を、シェリングは興味深いことに「モーセ説話」に単独のものと見なさず、他の諸民族の類似の諸伝承（たとえば、女神デルケトに捧げられたシリアのヒエラポリス神殿での大水や人間に規範を授けるメソポタミアの水神オアンネス）にも見られる「自然の出来事」と見なしている（XI, 152 f.: 5a・一六七頁）[40]。むろん、彼がそこに見出す意義の一つは、ノアが「第二の神に心を傾けなかった人」だった（それゆえ、彼は「真の神の眼にかない寵愛を受ける」）ということであり（XI, 152: 5a・一六六頁）、今一つには、洪水は「多神論が許容され、発展の新たな段階が始まる危機」だったということである（XI, 155: 5a・一六九頁）。すなわち、一方で、洪水は「超人的で強靭な種族の時代と今やまったく人間的となり……多神論にさえ身を委ねてしまう種族の時代という二つの時代を隔てる境界」（XI, 152: 5a・一六六頁）にほかならず、他方で、洪水があったればこそ、「エノシュに始まった真の神の識別と崇拝も現れ、まさに真の神の啓示にほかならないであろう啓示も現れる」（XI, 155: 5a・一六九頁）ということである。

ところで、啓示問題を考える上で、最初に注目すべき人物はアブラハムである。『創世記』第一七章一節、第一八章一節に「エホバはアブラハムに……『現れた』」（XI, 161: 5a・一七六頁）と記されているからである。ここでシェリングは「アブラハムに『現れた』」神を「エホバ」と見なしているが、実際には原典では、ここに登場する神は「エホバ」ではなく、「アドナイ（主）」と称されていた。彼はおそらく両者ともに「エロヒーム」とは質的に異なった神名であるとの判断から、「アドナイ」を「エホバ」と同等視したものと推察される。ともあれ、ここは、「『創世記』および一部これに続く諸書でも交互に現れる」（XI, 163: 5a・一七八頁）「エロヒーム」と「エホバ」という二つの神名について根本的相違を確認しておくべき所であろう。まず指摘すべきことは、「エロヒーム」という語が抽象的総称的な普通名詞であって、しかも、この語が通常複数形であるため、当然複数形動詞を述語とするということである。ただし、時に単数形動詞を述語とする場合もあり（その典型が『創世記』冒頭の「初めに神（エロヒーム」が天地を創造された」という一文）、こうした特異な用例（主述の不対応）に関し、主語「エロヒーム」を「偉大さの複数形」などという解釈（シュトル『ヘブライ語の類比作用ならびに統語法に関する詳報』一七七九年、五四頁）が施されもするが、シェリングの主たる立場は「エロヒームとしての神はなお多性への教唆に晒されており、その上、一性に固執する意識にとってさえ、実際には常に抑圧された多性となるような一者」と見なすものであり、ここに、「常に一者」である「エホバ」との決定的な差異を見るものである（XI, 162: 5a・一七七頁）。それは、文法上、「エホバ」が「エロヒーム」とは異なった具体的な固有名詞だからである。こうした神名の相違は、たとえば『創世記』の冒頭部分にいきなり登場する。第一章一節から第二章三節までに語られる天地創造の次第と第二章四節以降に語られる人間（アダムとイブ）の創造とその堕罪、楽園追放の次第との相違である。これは、前者の主語が「エロヒーム」であるのに対して、後者の主語が「エホバ」（今日的には「ヤハウェ」）であるという点ばかりでなく、前者の叙述が抽象的、観念的であるのに対して、後者の叙述が具体的で素朴であるという叙述の調子、スタイルにまで及ぶ相違であり、こうした内容、形式双方における著しい相違が『創世記』成立の際の典拠資料の相違によるものであるということが、近代の原典批評（アストリュック『始原的記憶に関する憶測』一七五三年やアイヒホルン『旧約聖書序論』一七八〇－八三年）によって判明している。シェリングは十七歳という若さで著した学士論文「悪の起源論」（一七九二年）で、すでにアイヒホルンの研究（「ネオロギー」と呼ばれる当時の新研究）に依拠しつつ、「創世記はきわめて異なった資料から合成されて成立したものである」（I, 109）という立場に立って、自身の課題（「悪の起源」の解明）に取り組んでいたが[41]、五十年も年月を隔てた、ここ『神話の哲学序論』講義（第七講）でも、資料問題に言及し、「特に『創世記』は、一つはエロヒーム資料（今日の呼称では「祭司資料」）と呼ばれ、他はエホバ資料（「ヤハウェ資料」）と呼ばれた二様の資料から合成されたという仮説を立てる試みがなされた」（XI, 163: 5a・一七八頁）と指摘した上で、堕罪物語に対するコメントを介して、アブラハムによる息子イサクの犠牲説話（『創世記』第二二章）に説き及ぶ。そこでは、「アブラハムに試みられるのはエロヒーム、普遍的神であって、〔試みの〕成就によってアブラハムに思い留まらせるのは〔彼に〕現れるエホバ〔アドナイ（主）〕である」（XI, 164: 5a・一七九頁）というように、二つの神名が錯綜して登場する。こうした事態を彼は次のように解釈する。

「アブラハムは自発的自覚的に一神論の方を向きはするが、それは、最初の時ですらすでに相対的一者の中に無自覚ではあれ崇拝してきた神、この神が彼に現れた、すなわち彼に顕現し、識別可能となった後のことである。この神は彼にとっては原初の神ではない。この神は彼に生成し現れた神ではあるが、この神は同様に彼に気づかれも案出されもしていなかった。彼がその際に行っていることは、彼が見た〔彼に啓示された〕ものを保持することだけである。彼が神を保持することによって、神も彼をわが方へ引き寄せ、彼と特殊な関係に入る。このことによって彼は完全に諸民族から取り除けられる。識別なしには真の神の認識はないのだから、だからこそ、名はかくも重要である。真の神の崇拝者は神の〈名〉を知っている者達である。神の〈名〉を知らない異教徒達、彼らは神を決して知らない」（XI, 165 f.: 5a・一八〇頁）。

シェリングがこれほどまでに神名に拘るのは、見られるとおり、これがユダヤ＝キリスト教徒と異教徒とを峻別するメルクマールだからであり、この点に関連してアブラハムに注目するのも、「彼に現れた（=啓示された）神」——後期シェリングの中心的神概念、「生成する神」——が、シェリング神話論にとっての難問——多神論と一神論の関連如何という難問——に対する解答を用意してくれるものだからである。シェリングが強調して言うには、「第二の神がなければ——多神論への傾注がなければ、本来の一神論への前進はなかったであろう。人類の一部にとっては多神崇拝への誘因となる同じポテンツが、留保された種族〔アブラハム族〕を一神論へと高める」（XI, 164: 5a・一八〇頁）のである。「真の神は彼〔アブラハム〕にとって決して存在する神ではなく、絶えず生成する神である。これだけですでにエホバという名は説明済みであろう。この名の中にまさしく生成する概念はりっぱに表現されている。つまり、アブラハムの宗教は、彼が太古のかの神を放棄し、この神を裏切ることにあるのではない。これを行っているのはむしろ異教徒達である」（XI, 165: 5a・一八〇頁）。だからと言って、アブラハムの一神論が多神論と無縁であったわけではない。いやそれどころか、それは「その前提として、同様に多神論の前提であるような神を有していた」。ここに「多神論の前提であるような神」とは、かの「相対的一神」にほかならず、「これこそ多神論の第一ポテンツにほかならない」（XI, 170: 5a・一八六頁）[42]。

以上見てきたように、シェリングの神話論は、クロイツァーのそれとは根本的に異なって、最初に真の神ありき、然る後の神の分裂、分離が神話の神々にほかならないといった、いわば「単純な真理の歪曲説」ではなく、むしろ逆に、「多神論の第一ポテンツ」としての相対的一神の出現によって初めて真の神の識別も可能になるという「独特の神話の真理説」にほかならなかった。シェリングは第七講の講述を閉じるにあたって、その成果を次のように要言している。「最古の古文書によって証明されていることは、人類が純粋一神論もしくは絶対的一神論からではなく、相対的一神論から出発したということである」(XI, 174: 5a・一九一頁)と。

シェリングによる聖書読解、聖書解釈に触れるにつけ、深く印象づけられることは、それがいかに自由で柔軟なものであるかということである。それは、言うまでもなく、正統派神学による聖書釈義と異なっているばかりでなく、その他の聖書理解とも異なっている。それは、彼自身率直に表明していたとおり、彼が「これら諸書〔モーセ諸書〕を神学者達の眼でも、あらゆる神に敵対する者の眼でも、また単なる批判者〔ネオローグ〕の眼でもなく、哲学者の眼で吟味した」(XI, 145: 5a・一五九頁)ことによっていた。[43] こうした絶妙な聖書読解法は、彼が一八二一年以来繰り返し取り組んできた試み――一八四二年のベルリン大学講義での弁によれば、「哲学と神話のように互いに疎遠な二物」を「互いに接近させる」「神話の哲学」構築の試み(XI, 4: 5a・九頁)――にこそふさわしかったと言ってよかろう。こうした哲学構築の試みにとって両極をなす神話と啓示という「二物」もまた、「接近させる」に困難な難物だったからである。

むすびにかえて――「哲学的宗教」構築にむけて

ここは、シェリング後期講義における『神話の哲学』と『啓示の哲学』という二大講義の関連について述べるべきところであろう。今見たとおり、前者が神話と啓示を「接近させる」試みだとすれば、前者は後者に先立ち、その前提を構築する試みということになろう。然り。『啓示の哲学』の本論講義での最初の講義に相当する第九講では、「啓示の哲学は神話の哲学を前提する」（XIII, 189: 6b・二六頁）と明言されている。このような立場から、当然のことながら『啓示の哲学』講義では頻繁に『神話の哲学』講義が参照され、折々に様々な仕方で再論さえなされている。そのため、前者は後者での様々な神話や神話論を復習する機会を提供するものともなっている。注目すべき両者の連係プレイである。なおここで指摘しておくべき重要な点は、両者が挙げて目指したものが「哲学的宗教」とシェリングが称する、彼にとっての真の宗教の提示、これこそ、晩年のシェリングが追求しようとした究極の課題だったということである。ちなみに、「哲学的宗教」という語は序論講義第一部では、その最後、第十講に初めて登場する。それは、「現実的宗教」（人間的意識の神との実在的関係を有する宗教）という観点から「神話的宗教」と「啓示宗教」を廃棄する「第三の宗教」では決してなく、むしろ両宗教内に存する「現実的宗教の諸要因を両宗教に劣らず」含む、いわば独特の宗教にほかならない（XI, 250: 5a・二六九頁）。この宗教がいかなるものか、本書ではその最終講で予告的に語られるに留まり、その内実の提示は今後の課題に委ねられる。この課題に取り組むのが、『神話の哲学序論』講義第一部（「批判的歴史的序論」）に続く同講義第二部（「哲学的序論」）であり、その冒頭部（第十一講の語り出し）は、いきなり「われわれによって要請されている哲学的宗教は現存しない」（XI, 255）と、第一部最終講義でのテーゼ（XI, 250: 5a・二七〇頁）を復唱するものとなっている。「こうしたものは哲学そのものほど直ちに達成されるのでなく、偉大で長く持続する発展の結果においてのみ達成される」（XI, 255）ほかないものと予見されているからである。そうして、これに続いて語られる「盲目的」であるがゆえに「不自由な宗教、非精神的宗教」と特徴づけられる「神話的宗教」と「非精神的宗教を内的に克服し、これに対する意識を自由にするがゆえに……自由な宗教、精神の宗教を仲介する」と特徴づけられる「啓示宗教」、とりわけそのようなものとしての「啓示宗教」に関連づけて言及されるのが「哲学的宗教」であって、これこそが、シェリングにとって、「自由な宗教」と称するに値する宗教にほかならなかった。けだし、「これ〔自由な宗教〕は、自由によってのみ求められ、発見されることがその本性だから、哲学的宗教としてのみ自己を完璧に実現できる」（XI, 255）宗教だからである。ただし、こうした自由な宗教の自己実現としての哲学的宗教は、あくまで「偉大で長く持続する発展の結果においてのみ達成される」（ebd.）。それは、F・マイヤーの言葉を借りて言えば、あくまで「神を措定する意識である人間精神の歴史の目標なのである(44)」。

ここで「神を措定する意識」としての「人間精神」規定に関連して、たとえば「シェリング後期哲学の宗教史的構成の中心規定」、「人間を実体的神意識と考える人間学的構想(45)」が盛り込まれた第八講に眼を転じれば、そこでは、「神を措定する本性」としての人間は、「その根源的本質においては神を措定する意識以外の意義を有さず、こうした神措定者であるためにのみ根源的に現存する」（XI, 185: 5b・二〇三頁）と規定されていた。人間は、後期シェリングにあっては、「こうした意識を有するのではなく、人間はこうした意識そのものなのである」（XI, 187: 5a・二〇四頁）。M・ガブリエルが「人間」を「実体的神意識」と称する所以である。彼が『神話の哲学』〔本論第一部「一神論」〕から引用するところによれば、

「人間の意識は……神といわば一体化している。――（というのも、人間の意識はそれ自身、創造において語られた一神論、現実的な全一性の成果にほかならないからである）――意識は神を自己の前に対象として有するのではなく、自己に即して有する」（XII, 120）。ともあれ、「哲学的宗教」構築のための足場は、今注目した神話の哲学に固有の人間意識論によって築かれていたと見なしてよかろう。A・フランツの弁を借りて言えば、「人間の本質はその神との関係、『神統記的根拠』から理解されうるのだから……人知の学としての哲学は内容的に哲学的宗教として規定されうる。したがって、シェリングによれば、これ〔哲学的宗教〕こそが初めて『何人も否認しようもなく、完成された哲学そのものの究極の成果、最高の表現にほかならない』（XI, 250）」[46]。もっとも、先に注目したように、「歴史的批判的序論」最終講（ebd.）でも、これに続く「哲学的序論」初講（XI, 255）でも「哲学的宗教は現存していない」ことが強調されており、この意味で「哲学的序論」講義以降の『神話の哲学』講義の中心課題の一つは「哲学的宗教」の構築ということになろう。

本章の考察を閉じるにあたり、最後に少々付言しておこう。A・フランツは先の指摘に注記して、「哲学的宗教」を目指すシェリング後期哲学をそれ以前の作と関連づけ、かの『体系綱領』末尾の「新しき宗教に関する問題解決」の試みと見なしうると記している[47]。興味深い指摘ではあるが、『体系綱領』末尾での「新しき宗教」はかの「新しき神話」を言い換えたもの、つまり両者は互換概念にほかならない（本書八頁参照）。彼自身の過去の作と関連づけるのであれば、われわれはむしろこれを『哲学と宗教』（一八〇四年）と関連づけるべきではなかろうか。周知のとおり、この著作は、理性、思弁知によっては絶対者を捉えられないがゆえに、哲学は信仰（＝非哲学）によって補完されねばならないと主張するエッシェンマイヤー（『非哲学への移行における哲学』一八〇三年）による自身の同一哲学に対する批判に応答したものであった。むろん、当時のシェリングは自身の立場を堅持し、「宗教といった教条主義や信仰といった非哲学がわがものとした諸対象を理性と哲学に返還請求する」（VI, 20: 4a・一三頁）が、後期にあっては、彼はヘーゲル哲学で極点に達するカント、フィヒテの「純粋理性学」（XIII, 57）とともに自身の同種の同一哲学をも、存在の「本質」das Was（「存在者とは何か」quid sit（XIII, 57 f.））を問うにすぎないWas-Ontologieとしてこれを退け、これに対し、存在の「事実」das Daß（「存在者が存在するということ」quod sit（XIII, 58）の所以──「そもそもなぜ何かがあって、何もないのではないのか」（XIII, 7））を問うDaß-Ontologieを対置する。(48)かの「哲学的宗教」構築の要請はこうした後期シェリングが依って立つ「積極哲学」ならではのものと言うほかなかろう。X・ティリエットに言わせれば、「積極哲学という大企画」は「未来の『哲学的宗教』への通路(49)」にほかならない。ともあれ、『哲学と宗教』に立ち戻り、シェリングが対決したエッシェンマイヤーの用語を用いて言い換えれば、「哲学的宗教」は「哲学的非哲学」ということになろう。これは明らかに形容矛盾そのものにほかならず、「神話の哲学」同様、結合の困難な両極を結合しようとする試み、「哲学的宗教」なる試みは、『哲学と宗教』「序言」冒頭でシェリングが回顧する哲学と宗教との関係に関連して言えば、過去の歴史における「哲学と宗教との偽りの融和」（VI, 17: 4a・一〇頁）に取って代わるべきもの、いわば「来るべき哲学と宗教との真の融和」を目指すものということになろう。

■著者略歴

松山壽一（まつやま　じゅいち）

1948年　大阪市生まれ
1981年　立命館大学大学院文学研究科博士課程修了
1981-2018年　大阪学院大学教員
1985-86年　テュービンゲン大学（旧西ドイツ）留学
1995年　バイエルン科学アカデミー（ミュンヘン）留学
1996-2005年　ドイツ博物館科学史研究所（ミュンヘン）客員研究員
2002-03年　カイザースラウテルン大学（ドイツ）客員教授

著　書

『生きることと哲学すること』北樹出版，1990，97，2008年；『ドイツ自然哲学と近代科学』北樹出版，1992，97年；『科学・芸術・神話』晃洋書房，1994，2004年；『ニュートンとカント』同，1997，2006年；『若きカントの力学観』北樹出版，2004年；『ニュートンからカントへ』晃洋書房，同年；『人間と悪』萌書房，同年；『人間と自然』同，同年；『知と無知』同，2006年；『音楽と政治』北樹出版，2010年；『悲劇の哲学』萌書房，2014年；『造形芸術と自然』法政大学出版局，2015年；『シェリングとカント』同，2021年；『シェリング自然哲学とは何か』知泉書館，2024年

編　著

『自然哲学とその射程』晃洋書房，1993年；『ドイツ観念論と自然哲学』創風社，1994年；『シェリング読本』法政大学出版局，同年；『現代世界と倫理』晃洋書房，1996，2002年；『科学技術のゆくえ』ミネルヴァ書房，1999年；『シェリング自然哲学とその周辺』梓出版社，2000年；Natur, Kunst und Geschichte der Freiheit, Frankfurt a. M. 2000；『シェリング自然哲学への誘い』晃洋書房，2004年；『哲学の眺望』晃洋書房，2009年，監修

訳　書

P. プラース『カントの自然科学論』哲書房，1992年，共訳；カント全集1『前批判期論集Ⅰ』岩波書店，2000年，共訳；同全集2『前批判期論集Ⅱ』同年；H. J. ザントキューラー編『シェリング哲学』昭和堂，2006年，監訳；シェリング著作集1b『自然哲学』燈影舎，2009年，編訳；同著作集5a『神話の哲学（上）』2025年編訳

叢書シェリング入門7

神話の真理——シェリングの神話論——

2025年4月10日　初版第1刷発行

著　者　松山壽一

発行者　白石徳浩

発行所　萌《きざす》書房

〒630-1242　奈良市大柳生町3619-1
TEL（0742）93-2234 / FAX 93-2235
［URL］http://www3.kcn.ne.jp/ kizasu-s
振替　00940-7-53629

印刷・製本　㈱共同印刷工業・㈱新生製本

ISBN978-4-86065-174-9

注

第一章

以下，各全集からの引用は巻数と頁数のみを指示して行う。Hegel: *Theorie Werkausgabe*, 1971; Hölderlin: *Sämtliche Werke* (Stuttgarter Ausgabe), 1943 ff.; Kant: *Gesammelte Schriften*, 1900 ff.; Schelling: *Sämmtliche Werke*, 1856-1861; Schlegel: *Kritische Friedrich-Schlegel-Ausgabe*, 1958 ff.; Nietzsche: *Sämtliche Werke. Kritische Studienausgabe*, 1980. なお，強調は原著者のもの。

(1) P. Berteax, *Hölderlin und die Französische Revolution*, Frankfurt a. M. 1969.

(2) Vgl. z. B. H. G. Haasis, *Morgenröte der Republik. Die linkleinischen deutschen Demokraten 1789-1849*, Frankfurt a. M. 1984. 壽福眞美訳『共和主義の地下水脈』新評論，1990年。

(3) A. Glyga, *Schelling. Leben und Werk*, Tübingen 1884. S. 19 f.がその状況を要領よく記述している。

(4) 拙著『科学・芸術・神話』晃洋書房，1994年，p. 148（増補改訂版2014年，p. 133f.）参照。

(5) 拙著『ニュートンとカント』晃洋書房，1997年，p. 175 ff.。同『ニュートンからカントへ』同2004年，p. 57 ff.参照。

(6) 拙著『ドイツ自然哲学と近代科学』北樹出版，1992年，pp. 138-140参照。

(7) ドイツ観念論におけるニヒリズム問題の全容については大橋良介『絶対者のゆくえ』ミネルヴァ書房1993，第十一講が的確な洞察を与えている。

(8) 久保陽一『初期ヘーゲル哲学研究』東京大学出版会，1993年，pp. 28-31，50参照。

(9) 同書pp. 61-84参照。

(10) Br. Iは*Briefe von und an Hegel*, Bd. 1, Hamburg 1952の略記。以下同様。なお，ここで言及した諸問題については前掲拙著『科学・芸術・神話』p. 149（増補改訂版，p. 135）でも論じている。また，以下の文献がこうした諸問題について全般的に考察している。D. Henrich, Philosophisch-theologische Problemlagen im Tübingerstift zur Studienzeit Hegels, Hölderlins und Schellings. In: Ders., *Konstelationen, Probleme und Debatten um Ursprung der idealistischen Philosophie (1789-1795)*, Stuttgart 1991, S. 173-

213.

(11) Vgl. R. Bubner (Hg.), *Das älteste Systemprogramm. Studien zur Frühgeschichgte des deutschen Idealismus* (Hegel-Studien, Bhft 9), Bonn 1982. なお，以下での『体系綱領』からの引用は同書S. 163-165から。

(12) W. G. Jacobs, Vom Ursprung des Bösen zum Wesen der menschlichen Freiheit. Festvortrag anläßlich der Einweihung des Schelling-Gedenkraums, Leonberg 1992. 伊坂青司・田村恭一訳「悪の起源から人間的自由の本質へ」(『シェリング年報』創刊号，1993年，pp. 114-118) 参照。なお，筆者は処女作『悪の起源論』読解のために本叢書一冊目全体をこの課題に宛てた（拙著『人間と悪』萌書房，2004年）。

(13) S. Peetz, Die Philosophie der Mythologie. In: H. J. Sandkühler (Hg.), *F. W. J. Schelling*, Stuttgart/Weinar 1998, S. 152. 松山監訳『シェリング哲学』昭和堂，2006年，p. 220 f.。

(14) この点については前掲拙著『科学・芸術・神話』pp. 131-135（増補改訂版pp. 117-121）に詳しい。なお，菅原潤「前記シェリングにおける神話の問題」(『文化』第56巻第3・4号，1993年6月）はこれまでほとんど論じられることのなかった最初期の二論文における神話論を含め，初期シェリングの神話論について論じた先駆的労作である。

(15) これまでの論争の詳細はF. P. Hansen, "*Das älteste Sytempragramm des deutschen Idealismus.*" *Rezeptionsgeschichte und Interpretationnen*, Berlin/New York 1989. また同じ論争に関する邦文の簡にして要を得た紹介は寄川条路「ドイツ観念論最古の体系プログラム」(『現代思想』1993年7月臨時増刊号）参照。

(16) この点についてのわが国の最近の論稿は北澤恒人「哲学のオルガノンとしての芸術」(『シェリング年報』創刊号所収）である。

(17) S. Dietzch, "Höhere Natur." In: L. Hasler (Hg.), *Schelling. Seine Bedeutung für eine Philosophie der Natur und der Geschichte*, Stuttgart-Bad Cannstatt 1969, S. 161.

(18) S. Szibolsky, Schellings Akademierede von 1807: Einleitung zur F. W. J. Schelling *Über das Verhältnis zur bildenden Künste zu der Natur* (PhB 344), Hamburg 1983, S. XIV.

(19) ドイツにおける新旧論争の全般および個々の問題点については次の優れた講義集を参照。P. Szondy, Antike und Moderne in der Ästhetik der Goethezeit. In: *Poetik und Geschichte I* (stw 40), Frankfurt a. M. 1974. なお，栗原隆「歴史が語られる時　ドイツにおける新旧論争とシェリング及びヘーゲル

における歴史哲学の成立」『新潟大学教養部紀要』(第23集, 1992年12月)はわが国におけるこの問題に関する好論である。

(20) Vgl. dazu P. Szondi, a. a. O., S. 99 ff.

(21) Vgl. ebd., S. 140 ff. また, 大橋前掲書第十二講「『東洋』の影」がドイツ観念論における東洋問題さらにはニーチェ, ハイデガーのそれについて明確ない見取り図を提供している。

(22) Vgl. ebd., S. 225

(23) B. Barth, *Schellings Philosophie der Kunst. Göttliche Imagination und ästhetische Einbildungskraft*, Freiburg/München 1991, S. 162.

(24) I. Szibolsky, a. a. O., S. XIX.

(25) Ebd.

(26) Ebd., S. XX.

(27) 松本仁助『ギリシア叙事詩の誕生』世界思想社, 1989年, pp. 6-9参照。

(28) 拙稿「自然哲学とは何か　その語法と源流からの考察」(『理想』第649号, 1992年6月)。なお, 前掲拙著『科学・芸術・神話』に「ヘシオドスとルクレティウス　自然哲学の源流」と改題して収録。

(29) この点は特に前掲拙著『ドイツ自然哲学と近代科学』の序章「自然詩と自然哲学　ルクレティウス『自然論』の一影響史」に詳しい。

(30) 山口和子「後期シェリングにおける新しい神話と美的原理」(『シェリング』年報第2号 (1994年6月), p. 31, 34) 参照。本章に収める拙論は, 日本シェリング協会第2回大会 (1993年7月27日) での「『新しい神話』の可能性」をテーマとしたシンポジウムの提題「初期シェリングにおける詩と神話」の準備稿に相当する。前掲山口論稿は同提題の定稿。

(31) 『ヘルダーリン全集』第2巻, 河出書房新社, 1967年, p. 111。後の引用は同pp. 114-115。なお, 訳詩は手塚富雄訳にいくらか手を加えたもの。

(32) M. フランクは『パンと葡萄酒』におけるディオニューソスの典拠をエウリピデスの『バッカイ』と見なしている。M. Frank, *Der kommende Gott. Vorlesungen über die Neue Mythologie* (es 1142), Frankfurt a. M. 1982, S. 268-270.

(33) この考えの背景をなすものは, シェリングやヘーゲルによってもそれぞれの仕方で試みられたキリスト教批判である。

(34) 前掲拙著『ドイツ自然哲学と近代科学』pp. 30-33。

(35) W. Hogrebe, *Prädikation und Genesis. Metaphysik als Fundamentalheuristik im Ausgang von Schellings »Weltaltern«* (stw 772), Frankfurt a. M. 1989, S. 25 f.

(36)　Ebd., S. 29 ff.

第二章

（1）　F. W. J. von Schelling, *Die Weltalter*. Fragemente in den Urfassungen von 1811 und 1813. Hg. v. M. Schröter (Schellings Werke, Münchner Jubiläumusdruck, Nachlaßband) München 1946. 引用，参照は本稿冒頭の引用箇所に記したように，第一草稿Druck I をWA I, 第二草稿Druck II をWA II と略記し，草稿の頁数を指示して行う。

（2）　第三草稿からの引用，参照は，WA III と略記して行うが，指示頁は旧全集（SW）第VIII巻のものである。

（3）　Vgl. F. W. J. Schelling, *Weltalter-Fragmente* (Schellingiana Bd. 13.1). Hg. v. Kl. Grotsch, Stuttgart-Bad Cannstatt 2002, S. 163: Ders. a. a. O. (Schellingiana Bd. 13.2), S. 80 f. usw.

（4）　たとえば，X. ティリエットは彼の「神話の哲学」論（以下の書の第4部第2章）中，かなりの頁を当講演テクストおよびそれの後期神話論との関連に関する考察に割いている。Cf. X. Tiliette, *Schelling. Une Philosophie en devenir II. La dernière philosophie 1821-1854*, Paris 1970, pp. 400-403.

（5）　M. Heidegger, *Schellings Abhandlung über das Wesen der menschlichen Freiheit* (*1809*), Tübingen 1971, S. 3-5.

（6）　Schelling und Cotta, *Briefwechsel 1803-1849*, Stuttgart 1965, S. 87.

（7）　Ebd., S. 87 f.

（8）　H, Holz, Das Weltalter-Programm und die Spätphilosophie. In. H. M. Baumgartner (Hg.), *Schelling*, Freiburg/München 1975, S. 108. H. バウムガルトナー編著（北村実監訳）『シェリング哲学入門』 早稲田大学出版部, 1997年, p. 109 f.。

（9）　ただし，シェリングはわれわれが初期段階の頂点に位置づける同一哲学の確立期（1801年以降），当時流行していた通俗哲学を批判し，それとは一線を画すものとして自身の哲学を提起していた。この点で，中期（1809年以降）における「通俗哲学」の標榜は彼の立場の大きな転換を意味する。当時の常識哲学を含むいわば「通俗哲学」との関連の中でのシェリングの（特にヘーゲルと共同しての）活動と思考については拙著『知と無知　ヘーゲル，シェリング，西田』〈本叢書3〉萌書房，2006年, pp. 3-104で詳論した。

（10）　シェリング哲学の根本課題を「哲学と宗教」の問題に見，この問題をめぐる「思索の源泉をヤーコプ・ベーメに代表されるドイツ神秘主義に求める」という立場からなされた周到な『世齢』研究，本邦初のモノグラフィーが岡

村康夫『シェリング哲学の躓き　『世界時代』の構想の挫折とその超克』昭和堂，2017年である。見られるとおり，Die Weltalter の邦題はこの書では『世界時代』となっている。邦題問題については後述する。

(11)　逸見喜一郎「ギリシア悲劇の韻律」『ギリシア悲劇全集』補巻，岩波書店，1992年および拙著『音楽と政治』北樹出版，2016年, pp. 127–132参照。

(12)　沓掛良彦『ギリシアの叙情詩人たち　竪琴の音にあわせ』京都大学出版部，2018年参照。

(13)　拙著『悲劇の哲学　シェリング芸術哲学の光芒』〈本叢書6〉萌書房，2014年, 序章「ギリシア悲劇の世界」p. 7参照。

(14)　拙著『科学・芸術・神話』晃洋書房，1994年，pp. 189–192参照。

(15)　P. L. Oesterreich, Geschichtsphilosophie und historische Kunst. Zum mythosnahen Sprachstil der *Welatlter* Schellings. In: H. J. Sandkühler (Hg.), *Weltalter. Schelling im Kontext der Geschichtsphilosophie*, Hamburg 1996, S. 90.

(16)　S. Peetz, Prodduktivität versus Reflexivität: Zu einem methodologischen Dilemma in Schellings *Weltaltern*. In: H. J. Sandkühler (Hg.), *Weltalter*., a. a. O., S. 85.

(17)　岡村前掲書『シェリング哲学の躓き』での「挫折」問題に対する見解は，「超越の次元に属するもの，すなわち『沈黙』を要求する宗教の次元に属するものを如何に哲学するかという葛藤」(p. 162 f.) のうちに見るというものである。また，*Die Weltalter* 第一草稿および第二草稿の訳者山口和子の見解 (「『諸世界時代』がトルソに終わった理由」) は，「体系の枠内にはとどまりえない人間存在の意味を求め，哲学の原点に戻らんとし，苦悩した」(前掲新装版シェリング著作集第4a巻「解説」p. 224) というものである。

(18)　W. Wieland, *Schellings Lehre von der Zeit. Grundlagen und Vorasusetzungen der Weltalterphilosophie*, Heidelberg 1956, S. 68.

(19)　拙論「見える精神としての自然　シェリング自然哲学の根本性格」(松山壽一・加國尚志編『シェリング自然哲学への誘い』晃洋書房，2004年所収) 参照。

(20)　前掲拙著『知と無知』pp. 132–151参照。

(21)　岡村前掲書『シェリング哲学の躓き』p. 12もこの点を指摘している。

(22)　たとえば岡村前掲書。

(23)　新装版シェリング著作集第4b巻，文屋秋栄，2018年での *Die Weltalter* の第一草稿および第二草稿の本邦初訳 (山口和子訳) での邦題。

(24)　前掲拙著『知と無知』pp. 125–127や2012年12月8日開催の日本ショーペ

ンハウアー協会第25回大会での公開講演「自然今昔または意志としての自然　シェリングとショーペンハウアーの自然哲学と意志形而上学」(『ショーペンハウアー研究』第18号，2013年，pp. 22-25) など。

(25)　前掲『ショーペンハウアー研究』第18号，p. 30，注13参照。

(26)　F. W. J. Schelling, *Grundlegung der positiven Philosophie*. Hg. v. H Fuhrmans, Torino 1972, S. 487.

(27)　Vgl. dazu A. Lanfranconi, *Krisis. Eine Lektüre der "Weltalter" -Texte F. W. J. Schellings*, Stuttgart-Cannstatt 1992, S. 86.

(28)　Vgl. F. W. J. Schelling, *Philosophische Entwürfe und Tagebücher 1809-1813. Philosophie der Freiheit und Weltalter*. Hg. v. L. Knatz et al., Hamburg 1994, S. 58.

(29)　Schelling und Cotta, *Briefwechsel 1803-1849*, Stuttgart 1965, S. 50.

(30)　注3参照。

(31)　注4ですでに，X. ティリエットが彼の「神話の哲学」論中，当作に格別注目し，そのシェリング神話論上の意義について考察していたことを特筆しておいたが，わが国に眼を移せば，管見のかぎりでは，小田部胤久「「詩の戯れ」と「秘儀の厳粛さ」 シェリング『サモトラケの神々について』の読解の試み」『美学藝術学研究』(第19巻，2001年，pp. 113-129) のみが唯一の論稿である。

(32)　当講演内容とその美術史的かつ美学的意義を，ヴィンケルマンの『古代美術模倣論』(1755年) 以降のドイツ美学の発展史およびラオコーオン論争の推移を辿った上で明らかにしようとしたのが拙著『造形芸術と自然　ヴィンケルマンの世紀とシェリングのミュンヘン講演』法政大学出版局，2015年である。

(33)　当講演の聴講者の直接の評判は先の講演の場合 (前掲拙著『造形芸術と自然』p. 170参照) と異なって情報がなく，定かではないが，講演テクスト内容に対してはシュテフェンスやクロイツァーが賛同を寄せていることや，ヤコービの信奉者ケッペンによる酷評に対してシェリングは無礼千万，党派的だと怒りを露わにしたこと等が判明している。Vgl. X. Tilliette, *Schelling, Biographie*, Stuttgart 2004, S. 279.

(34)　ティリエットは当講演の内容を「文献学的意味論的内容」と特徴づけている。X. Tilliette, *Schelling*, a. a. O., S. 278.

(35)　J. Hennigfeld, *F. W. J. Schelling ›Über das Wesen der menschlichen Freiheit‹* , Darmstadt 1973, S. 81 ff.

(36)　K. Hübner, *Die Wahrheit des Mythos*, München 1985, S. 63.

(37) S. Peetz, Die Philosophie der Mythologie. In: H. J. Sandkühler, *F. W. J. Schelling* (SM 311), Stuttgart 1998, S.160. H. J. ザントキューラー編（松山壽一監訳）『シェリング哲学　入門と研究の手引き』昭和堂，2006年，p. 230（該当論文は菅原潤訳）.

(38) Ebd.

(39) 『世齢』草稿の仕上げの長期化の理由がその「全体（三部にわたる）を同時に出版させたかった」ことにあると告げた1814年8月19日付コッタ宛書簡に，他の理由として「アカデミー向け公刊書を仕上げる必要」も挙げられており，これは翌年の講演テクストの公刊を指しているものと思われる。Vgl. Schelling und Cotta, *Briefwechsel*, a. a. O., S. 87. なお，シェリングの講演テクスト公刊に寄せる並々ならぬ意欲についてはティリエットのシェリング伝の該当箇所をも参照。X. Tilliette, *Schelling*, a. a. O., S. 278 f.

(40) 講演冒頭でシェリングが「サモトラケー島」の名を挙げた直後にその名にまつわる諸事情に触れているのは，そこに付された最初の注記（注1）にストラボン（Georg. L. VII）から引用されているとおり，「サモトラケーはかつてサモスと呼ばれていた」*ἐκαλεῖτο δεή σαμοθράκη Σάμος πρίν.* からである。われわれも眼にするとおり，ホメロス『イーリアス』（XIII, 12-14）では，「サモトラケー」に相当する島名は「サモス」として登場する。シェリングも同じ注の中で，「これ〔サモトラケー〕をホメロスは知らない」（VIII, 371）ことに注意を促している。

(41) 「サモトラケー」の名は今日とりわけ美術愛好家には馴染みのものとなっている。ルーブル美術館の所蔵する古代ギリシア彫像中の逸品の一つ「ニーケー（勝利の女神）」像に出土地にちなんだ「サモトラケー」の名が冠され《サモトラケーのニーケー》と呼び習わされているからである。この彫像の美術史的意義に関する筆者のコメントが前掲拙著『造形芸術と自然』p. 102に図版（挿図43）とともに収められている。

(42) 原文はHomeri Opera. *Iliad*, 4 tom. OCT 1978 (1. ed. 1902) を，邦訳は呉茂一訳（岩波文庫）を参照しつつ拙訳を試みた。

(43) 上に引用した最初の行は原詩第13歌第12行*ἐπ ἀκροτάτης κορφῆς Σάμου ὑληέσσης*のシェリングによる翻案であり，原詩にある「サモス」*Σάμος*の名が省かれており，続く行では原詩に登場しない「ポセイドーン」の名がシェリングの翻案には登場している。これらの相違は，本章注7に見られるとおり，彼の翻案がフォス訳に依拠したものだからであり，原詩でその名（「ポセイダーオーン」*Ποσειδάων*）が登場するのは第19行に至ってからである。「ポセイドーン」*Ποσειδῶν*（ホメロス叙事詩では古形の「ポセイダーオ

ーン」）に相当する語はそれに先行する第10行に「大地を揺るがす者」ἐνοσικτῶν として登場しており，これをフォスは“Erdershüttrer Poseidon”とPoseidonの名を補足して訳している（VIII, 373）。

（44） J. チャドウィック（安村典子訳）『ミュケーナイ世界』みすず書房，1983年の特に「6. 宗教」および「10. 偽歴史家ホメロス」参照。

（45） ヘロドトス『歴史』からの引用および参照はHerodoti Historiae [. . .], editio tertia（OCT 1927）に基づき，巻数と節数を指示し（eg. II, 53），松平千秋訳（岩波文庫）を参照しつつ，拙訳によって行う。

（46） シェリングはムナセアースの弁をフォスの『ギリシア史』de Hist. gr. Opp. IV. p. 96より借用している（VIII, 375, Anm. 22）。

（47） Vgl. S. Peetz, Die Philosophie der Mythologie. In: Hans Jörg Sandkühler, *F. W. J. Schelling*（SM 311）, Stuttgart 1998, S.152-155. 前掲H. J. ザントキューラー編『シェリング哲学』pp. 221-224参照。

（48） Vgl. ED 51, Anm.28.

（49） Vgl. J. Latacz, Der Begin von Schriftlichkeit und Literatur. In: Ders. et al. *Homer. Der Myhos von Troia in Dichtung und Kunst.* Ausstellungskatalog in Antikenmuseum Basel und Sammlung Ludwig（16. März-17. August 2008）, München 2008, S. 62-69.

（50） シェリングはテュービンゲン神学院に入学した15歳の折にすでに「人類の原言語」Die Urparache des Menschengeschlechtsと題した草稿を認めていた。Vgl. Einleitung zu F. W. J. Schelling, *Philosophie der Mythologie* in drei Vorlesungsnachschriften 1837/1842. Hg. v. Kl. Vieweg u. Chr. Danz, München 1996, S. 19 f.

（51） 講演テクストではこの箇所に注が付され，それに対してテクスト2頁分に及ぶ長大な注記（注31）が掲載されている。その冒頭部分のみを紹介しておくと，シェリングはまず「アクシエロス」Axierosという神名のヘブライ語での語根ירשに注目し，それが「所有（特に相続財産）を意味する」ことを指摘した上で，旧約聖書の箴言（Prov. 20, 13. 30, 9［貧窮］）と創世記（Gen. 45, 11［飢饉］）の用例を引き合いに出し，前者では，それは「豊満状態」の反対をなしており，後者では「その受動態が欠如によって食い尽くされるという意味を有している」ことを指摘することによって，これらの用例が次の結論の十分な証明になっていると主張する。すなわち，「それは，同系の語根רוש（それに由来するריש貧困paupertas，欠乏egestas）の意味を分け持っており，かつ欠如，飢餓の概念である」。とどのつまり，ヘブライ語אחשירושを「字義通りに」言い表せば「アクシエロス」Achsieros となるというわけ

である（VIII, 377 f., Anm. 31）。われわれはこの注記から，本文での神名のドイツ語表記Axierosとその語釈が一連のこうした彼自身の考証の結果得た意味とそのローマ字表記Achsierosに由来することが分かる。

(52) 原文はHesiodi, *Theogonia Opera et Dies Scutum*, OCT, 1990 (1. ed. 1970) を使用し，廣川洋一訳（岩波文庫）を参照しつつ，拙訳。

(53) Vgl. G. Fink, *Who's who in der antiken Myhthologie* (dtv), München 2002, S. 78.

(54) 講演テクスト注33（VIII, 379）にまずは“S. Grotius de ver. Rel. chr. L I. §. 16. not. 15.”すなわち「グロティウス『キリスト教の真理について』第6巻第16節注15を見よ」と参照指示があり，それに続いて次のようなコメントが記されている。「そのような諸民族は，オリエント以外では，ガリア，スラブといった昔のドイツ民族だった」。

(55) 原文および独訳はH. Diels u. W. Kranz, *Die Fragmente der Vorsokratiker*, Bd. 1, 6. verb. Aufl. 1951を使用し，日下部吉信編訳『初期ギリシア自然哲学者断片集①』ちくま学芸文庫，2000年を参照しつつ拙訳。

(56) この点に関連して参照に値するのがカークとレイヴンによる解説である。それによれば（G. S. Kirk & J. E. Raven, *The Presocratic Philosophers*, Cambridge 1976［1. publ. 1957］, p. 200 f.），「コスモゴニー」としてミレートス派を例証として挙げつつ，ヘラクレイトス説がこれとは異なった「コスモロジー」と見なされている。たとえば断片31に関して彼らが解説するところによれば，「火」は「ヘラクレイトスによって宇宙論的諸過程comological processesの運動面での核心と見なされた」。火，海，大地の「諸対立が引き合いに出されるのは変化の論理的吟味においてである」。

(57) 小田切健太郎『中動態・地平・竈　ハイデガーの存在の思索をめぐる精神史的現象学』法政大学出版局，2018年が古代から近代への「竈の精神史」記述を試み（pp. 133-142），それに続きニーチェ『ギリシアの祭祀』講義に定位し，古代ギリシア，とりわけアテーナイでの竈の意味と役割ついて解説を加えている（pp. 142-152）。彼の書は博士論文を元にしたものながら，研究方法，研究内容ともども注目すべき力作である。

(58) L. A. Cornutus, *Theologia Graecae Compendium*, Leipzig 1881, c. 28. 小田切前掲書p. 278より引用。

(59) 小田切前掲書p. 279。

(60) 同上。

(61) Merkelbach, “Der Kult der Hestia im Prytaneion der griechen Städte”, in: Ders., *Hesita und Erigone: Vorträge und Aufsätze*. Hg. von W. Blümel et

al., Berlin/New York 1980, S. 66. 小田切前掲書p. 279より引用。

(62) G. S. Kirk & J. E. Raven, *op. cit.*, p. 201.

(63) Vgl. W. Wieland, *Schellings Lehre von der Zeit. Grundlagen und Voraussetzungen der Weltalterphilosophie*, Heidelberg 1956 (insb. 3. Kap.: S. 67-94).

(64) 今引用したWA Iの当該箇所と類似の箇所―― WA III (1813) よりさらに後の遺稿 *Weltalter-Fragmente*, NL 81 (c. 1817) の該当箇所 (Schellingiana 13.1, a. a. O., S. 173 f.) ――を指示しつつ，シュミット-ビッゲマンは，シェリングの「何も欲しない意志」に関する一連の発想が「オリゲネス的思弁に基づくベーメ神智学の伝統に棹差している」と指摘している (W. Schmidt-Biggemann, Einleitung zur Edition der *Weltalter－Fagemente*, a. a. O., S. 57)。

(65) ゲルショム・ショーレム (山下肇他訳)『ユダヤ神秘主義』法政大学出版局，2014年，pp. 344-351。J. Habermas, *Theorie und Praxis. Sozialphilosophische Studien* (stw 243) FfM 1978 [1. Aufl. Neuwied 1963], S. 185: 旧版からの細谷貞雄訳『理論と実践』未来社，1975年，p. 179参照。

(66) シュミット-ビッゲマンが前掲「序説」(Einleitung zur Edition der *Weltalter-Fagemente*, a. a. O., S. 5-55) で，『世齢』断片における議論の背景となる諸思想の史的変遷を追跡している。

(67) ここにヘレニズムとヘブライズムでの「火」に対する反応の相違について注記しておこう。前者では先に注目したとおり，「火」は「竈の火」として「ヘスティアー信仰」の対象となっていた。これに対し，それは，後者では今見ているとおり「焼き尽くす火」として「神の怒り」の象徴をなしている。このように両者は歴然と対立しているにもかかわらず，またシェリングもほぼ常にこの対立を踏襲しているにもかかわらず，第一草稿 (WA I, 23) には両者が混淆された「われわれを焼き尽くし破壊するであろう原理」としての「太古の火の竈」という紛らわしい記述が見られる。こうした紛らわしさは，第一草稿に先立つ『自由論』での「生の不安」思想が当草稿での「太古の火の竈」記述に重ねられたために生じたものであろうと筆者には思われる。周知のとおり，『自由論』(VII, 381) では，「生の不安」は人間が自身の内にその「自己性／我執」ゆえに自身を「焼き尽くす火」を抱えていることに由来することが強調されていた。

(68) シェリングは，こうした「カベイロイの系列」に関し，アクシエロスに始まる最初の三神が下級に位置づけられていること，またそれらが「世界的，宇宙的神性」(VIII, 360) と特徴づけられていることをも指摘しながら，これに対し，上級の神々を名指しせぬまま，「カベイロイの系列」には属さない

ギリシア神話の鍛冶の神「ヘーファイストス」に議論を移している。興味深いことに，そこで彼は「ヘーファイストス」をカベイロイの最初の三神の総称と見なすクロイツァー説（II, 321）に言及し（VIII, 396, Anm. 76），その名の由来を「七惑星あるいは週日の循環」に求めている（VIII, 360）。さらに興味深いことには，彼は「ヘーファイストス」をかの「ディオニューソス」とも関連づけ，「ディオニューソスもデーミウルゴス（創造神）であり，しかもヘーファイストスをある程度克服したデーミウルゴスである」という指摘まで行っている（VIII, 396, Anm. 80）。

（69） 注71の注記（VIII, 392 f.）にあるとおり，「アドミエル」の名は「レビ人」として旧約聖書の「エズラ記」第2章40節，第3章9節や「ネヘミア記」第7章43節に登場している。

（70） このようにシェリングが自身の核心的な説を開陳する直前でクロイツァー説が否定，批判されている点は，講演での神名比較の基本線がクロイツァー仮説に沿ったものであるだけに注視されるべきである。なお，クロイツァー説とシェリング説との関連（共通性と差異性）については本書p. 103 f.，p. 114 f. 参照。

（71） F. W, J. Schelling, *Philosophie der Mythologie* 1837/1842. Hg. v. Kl. Vieweg u. Chr. Danz, a. a. O., S. 38–41.

（72） Ebd., S. 65.

（73） 1827年創立とともに正教授に招聘されたシェリングは，同冬学期での『世齢の体系』講義の後，1828年夏学期以降，1841年，ベルリン大学赴任直前の同年冬学期までわずかな中断を除けばほぼ毎学期に近く『神話の哲学』講義を繰り返し，1830年には講義テクストの公刊をも企てている。Einleitung zu F. W. J. Schelling: *Philosophie der Myhtologie* in drei Vorlesungsnachschriften 1837/1842. Hg. v. Kl. Vieweg u. Chr. Danz, a. a. O., S. 19–22.

（74） Vgl. F. W. J. Schelling, *System der Weltalter*. Münchner Vorlesung 1827/28 in einer Nachschrift von Ernst von Lasaulx. Hg. von S. Peetz, Frankfurt a. M. 1990, S. 10 ff.

（75） S. Peetz, Die Philosophie der Mythologie. In: H. J. Sandkühler (Hg.), *F. W. J. Schelling* a. a. O., S. 155. 前掲拙監訳書『シェリング哲学』p. 224。

（76） Ebd.

（77） Ebd.

（78） 筆者は拙著『科学・芸術・神話』（晃洋書房，1994年，増補改訂版2004年）の「「新しい神話」の可能性？　シェリングの芸術–神話論」に関する章でこの問題を考察している。

(79) S. Peetz, a. a. O., S. 224. 前掲拙監訳書『シェリング哲学』p. 224。

(80) Edd.

(81) X. Tiliette, *Schelling*, a. a. O., S, 278 f.

(82) 前掲拙著『造形芸術と自然』p. 262f. でも紹介したとおり，1817年に刊行された『アイギーナ彫刻に関するヨーハン・マルティン・ヴァーグナーの報告』に，ミュンヘンの造形芸術アカデミーの事務局長としてのシェリングの「美術史的評釈」(SW IX 115-206) が掲載される。今指摘したとおり，単行本としては1815年の講演テクストがシェリング最後の公刊書となったことに相違ないのだが，文書上ではその2年後の「美術史的評釈」がシェリング最後の公刊物である。

(83) F. W. J. Schelling, *Philosophie der Mythologie*. Nachschrift der letzten Münchner Vorlesungen 1841. Hg. v. A. Roser u, H. Schlulten. Mit einer Einleitung v. W. E. Ehrhardt (Schellingiana Bd. 6), Stuttgart-Bad Cannstatt 1996, S. 157.

(84) コールリッジは彼の論稿「アイスキュロスのプロメーテウスについて」の中で「プロメーテウスは一つの哲理にして自意的である」。" The Prometeus is a philosopheme and *ταυτηγορικόν*." とプロメーテウスの神話的意義を特徴づけており，上に提示したシェリングの定式はこれを承けたものである。S. T. Coleridge, On the Prometeus of Aeschylus, in: *Transactions of the Royal Society of Literature of the United Kingdom*, Vol II, Part II, London 1834, pp. 384-404, here p. 391. Vgl. Fr. W. J. Schelling: *Philosophie der Mythologie* in drei Vorlesungsnachschriften 1837/1842. Hg. v. Kl. Vieweg u. Chr. Danz, a. a. O., S. 202, Anm. 66.

(85) Ebd., S. 153 f.

第三章

(1) W. Hogrebe, a. a. O (第一章注10), S. 26. 邦訳：ヴォルフラム・ホグレーベ（朝沼光樹・加藤紫苑訳）『述語づけと発生　シェリング『諸世界時代』の形而上学』法政大学出版局，2021年，p. 31。

(2) H. Holz, a. a. O. (第二章注7), S. 108. 邦訳p. 109 f.。W. Hogrebe, a. a. O., S. 32 f. 邦訳p. 41参照。

(3) W. Hogrebe, a. a. O., S. 29. 邦訳p. 37。

(4) Ebd.

(5) S. Peetz, a. a. O. (第二章注15), S. 85.

(6) P. L. Oesterreich, a. a. O. (第二章注14), S. 90.

(7) X. ティリエットは当著作の副題に対して次のような興味深い指摘を行っている。「『世齢への付録』という副題は確かに大胆な草案の実際の内容に関して公衆に無視される運命にあった。文献学的熱意に駆られていたシェリングにとっては，実際のところ，『世齢』プロジェクトの断念こそが問題であったろう」(X. Tilliette, *Schelling. Une Philosophie en devenir*, Paris 1970, t. II, p. 400)。

(8) J. Hennigfelt, a. a. O.（第二章注34), S. 81 ff.

(9) K. Hübner, a. a. O.（第二章注35), S. 63. クルト・ヒュプナー（神野慧一郎・塩出彰・中才敏郎訳）『神話の真理』法政大学出版局，2000年, p. 75。

(10) 以下に所収の『神話の哲学』講義（1837年）筆記録の一節。PhM（1837）: Kl. Vieweg/Chr. Danz (Hg.), *Philosophie der Mythologie in drei Vorlesungsnachschriften 1837/1842*, München 1996, S. 37-112.

(11) S. Peetz, a. a. O.（第一章注13), S. 160. 邦訳p. 230。

(12) 当書はその後二度にわたって改訂され刊行され続ける。第2版1819-22年，第3版1822-43年。

(13) 本書第一章第四節での論述の復唱。

(14) 『歴史的批判的序論』からの引用は前掲新装版シェリング著作集第5a巻所収の拙訳による。引用に際しては旧全集第XI巻の頁数と拙訳の頁数を並記する。

(15) 『神話の哲学』講義（1842年）筆記録冒頭。PhM（1842）: Kl. Vieweg/Chr. Danz (Hg.), a. a. O., S. 117-200.

(16) G. Dekker, *Die Rückwendung zum Myhtos*, 1930.

(17) H. Fuhrmans, *Grundlegung der positiven Philosophie*, Torino 1972, S. 28によるDekker, a. a. O., S. 115 f. からの引用によって。

(18) Kl. Viewg/Chr. Danz (Hg.), a. a. O., S. 20 f.

(19) PhM（1835/36）: *La Philosopie de la Mythologie de Schelling. Les Leçons de Munich (1835-36)* d'après C. Secrétan. Publiée et annotée par L. Pareyson et M. Pagano, Milano 1991, pp. 5-192; PhM（1837）: 注10参照; PhM（1841）: *Philosophie der Mythologie. Nachschrift der letzten Münchner Vorlesungen 1841* (Schellingianer, Bd, 6). Hrsg. von A. Roser und H. Schulten. Mit einer Eileitung von W. E. Ehrhardt, Stuttgart-Bad Cannstatt 1996.

(20) H. Fuhrmans, a. a. O., S. 42. なお，当序論講義がなされた時期に関連した或る厄介な問題に対する対処に関してはシェリング著作集第5a巻『神話の哲学（上)』第九講訳注9参照。

(21) H. M. Baumgartner/H. Korten, *Friedrich Wilhelm Joseph Schelling*,

München 1996, S. 243 f. X. Tilliette, *Schelling. Biographie*, Stuttgart 2004, S. 568.

(22) H. Fuhrmans, a. a. O., S. 43.

(23) Vgl. Th. Buchheim, Die Idee des Existierenden und der Raum. Vernunftintergründe einer Welt äußerer Dinge nach Schellings *Darstellung des Naturprozesses* 1843/44. In: *Kant-Studien* Bd. 106 (1) (2015), S. 36-66.

(24) PhM (1845) : *La Philosopie de la Mythologie de Schelling. Les Leçons de Berlin* (*1845*) d'après H.-F. Amiel, Milano 1991, pp. 195-259; PhM (1845/46) : *La Philosopie de la Mythologie de Schelling. Les Leçons de Berlin* (*1845-46*) , op. cit., pp. 259-339.

(25) 注19掲載のPhM (1841)。

(26) PhM (1837) [注10参照] 93 f.に掲げられた分類表では，「ハイネ」の箇所は「古代ストア派とハイネ」というように，「ハイネ」に「古代ストア派」が並記されていた。後者の基本的立場が自然学に根差す点で前者のそれと共通するゆえ，当然の措置と思われる。以下に試みる「ハイネ説」概説箇所ではストア派についても言及する。

(27) PhM (1837) 93 f.に掲げられた分類表では，最後のCには「シェリング」の名が記されているのだが，序論講義のそれには人名は記されていない。序論講義テクストは本人が入念に推敲を重ねたものであったことから推して，こちらが本人のものであり，他は聴講者の手になるものと見なすべきであろう。

(28) 注19掲載のPhM (1837/1842) 参照。

(29) K. Hübner, a. a. O., S. 50. 邦訳p. 54。

(30) Chr, Jamme, *Einführung in die Philosophie des Mythos. Neuzeit und Gegenwart*, Darmstadt 1991, S. 24.

(31) Ebd., S. 25

(32) B. Barth, *Schellings Philosophie der Kunst. Göttliche Imagination und ästhetische Einbildungskraft*, Freiburg/München, 1991, S. 162.

(33) L. Sziborsky, Einleitung zur F. W. J. Schelling: *Über das Verhältnis der bildenden Kunst zur Natur*, Hamburg (PhB 344), 1983, S. XIX.

(34) 拙著『科学・芸術・神話』晃洋書房，1994年，p. 179 (増補改訂版，2004年，p. 191) 参照。

(35) S. T. Coleridge, On the Prometeus of Aeschylus. In: *Transactions of Royal Society of Literature of the United Kingdom*, Vol II, part II, London 1834, p. 391.

(36)　「原体系」に関連して，同様の思想の持主としてX. Tilliette は「クロイツァー，ゲーレス，ゾルガー，カネ，J. J. ヴァーグナー」の名を挙げている。X. Tiliette, a. a. O. (注7). p. 402.

(37)　兵頭高夫「ショーペンハウアーと東洋の宗教」斎藤・高橋・板橋編『ショーペンハウアー読本』法政大学出版局, 2007年，p. 206。

(38)　E. A. Beach, *The Potency of God (s). Schelling's Philosophy of Mythology*, New York (1994), p. 21.

(39)　シェリングは『神話の哲学（序論）』講義では，かの懐疑家としてのヒュームの著書『人間本性論』(1739–40年）ではなく，彼の宗教起源論稿『宗教の自然史』(1757年）（ただし，その仏訳）に注目し，例の分類表では最初に名が挙げられるフォスの神話論以上に，ヒュームの宗教論を周到に吟味している。SW XI, 69f., 73–81（拙編訳書シェリング著作集第5a巻『神話の哲学（上)』文屋秋栄, 2024, p. 80, pp. 86–94およびp. 291（第四講訳注14）参照。

(40)　シェリング没後の19世紀後半以降（1872年以降）では，『創世記』中のノアの洪水伝説とメソポタミアの地で誕生した『ギルガメッシュ叙事詩』中の洪水伝説には著しい類似が認められ，この種の洪水伝説が当時の自然現象に由来するものであるとの知見が今日共通の知見となっている。この点に鑑みれば，シェリングによるシリアやメソポタミアの水神への言及は，彼が『ギルガメッシュ叙事詩』発見以前すでに聖書での説話を今日的知見に通じる広い視野から理解しようとしていたことの証左となっていよう。

(41)　この点，拙著『人間と悪』〈本叢書1〉萌書房，2004年，pp. 12–21で詳論。

(42)　後期シェリング哲学の一支柱をなすポテンツ論については第七講訳注12, 13, 14参照。

(43)　シェリングの哲学観は序論講義中折々に開陳されるが，たとえば第九講では「根源」に関連づけられた次のような哲学観が語られている。「哲学が何らかかわらない一切は腐敗，歪曲である。哲学にとっては根源的なもののみが意味を持つ。人間が使用することで進捗した万物における場合と同じく，哲学が接合することで到来した個々の部分が様々な神話説にも見出されようとも，神話そのものは破滅によって成立したのではなく，自己自身を再興しようとする意識の根源的所産である」(XI, 222)。

(44)　F. Meyer, *Transzendenz der Vernunft und Wirklichkeit Gottes. Eine Untersuchung zur Philosophischen Gotteslehre in F. W. J. Schellings Spätphilosophie*, Regensburg 1992, S. 143.

(45)　M. Gabriel, *Der Mensch im Mythos. Untesuchungen über Ontologie, Antholopologie und Selbstbewußtseinsgeschichte in Schellings Philosophie der*

Mythologie, Berlin・New York 2006, S. 266.

(46) A. Franz, *Philosophische Religion. Eine Auseinandersetzung mit den Grundlegungsproblemen der Spätphilosophie F. W. J. Schellings*, Amsterdam – Atlanta GA. 1992, S. 90.

(47) Ebd.

(48) 西川富雄『続・シェリング哲学研究 「自然の形而上学」の可能性』昭和堂，1994年，p. 261参照。なお，先の本文中最後に引用した「そもそもなぜ何かがあって，何もないのではないのか」(XIII, 7) という問いは，周知のとおり，『啓示の哲学（序論）』第一講によれば，「古今の悲嘆に暮れた数多の声で全存在の悲惨が告げられているという思いに私を駆り立てる」人間の虚しき歴史が私（シェリング）に課す「究極の問い」(ebd.) にほかならなかった。興味深いことに，「新しい実在論」の提唱者ガブリエルによって「シェリング哲学の全体は〔こうした〕〈根本的問い〉の答えとして再構成しうる」と見なされ，とりわけ『啓示の哲学初稿』第四講から第十一講（*Urfassung der Philosophie der Offenbarung I*, 1831. In: PhB 445a, Hamburg 1992, S. 19–70）に即しつつ，この問いの現代的意義が説かれている。マルクス・ガブリエル（加藤紫苑訳）「形而上学の根本的問いに対する答え 『啓示の哲学 初稿』における」『ニュクス』(第2号，2015年，堀之内出版)，pp. 174–200および浅沼光樹解題，同pp. 202–215参照。

(49) X. Tiliette, a. a. O. (注7), p. 393.